PAGES D'HISTOIRE CONTEMPORAINE

UN

MALFAITEUR

PUBLIC

I0153756

JULES FERRY

Par LOUIS FIAUX

ANCIEN CONSEILLER MUNICIPAL DE PARIS

Prix : 1 fr. 50

PARIS
LIBRAIRIE INTERNATIONALE
ACHILLE LE ROY
145 bis, RUE SAINT-JACQUES, 145 bis
1886

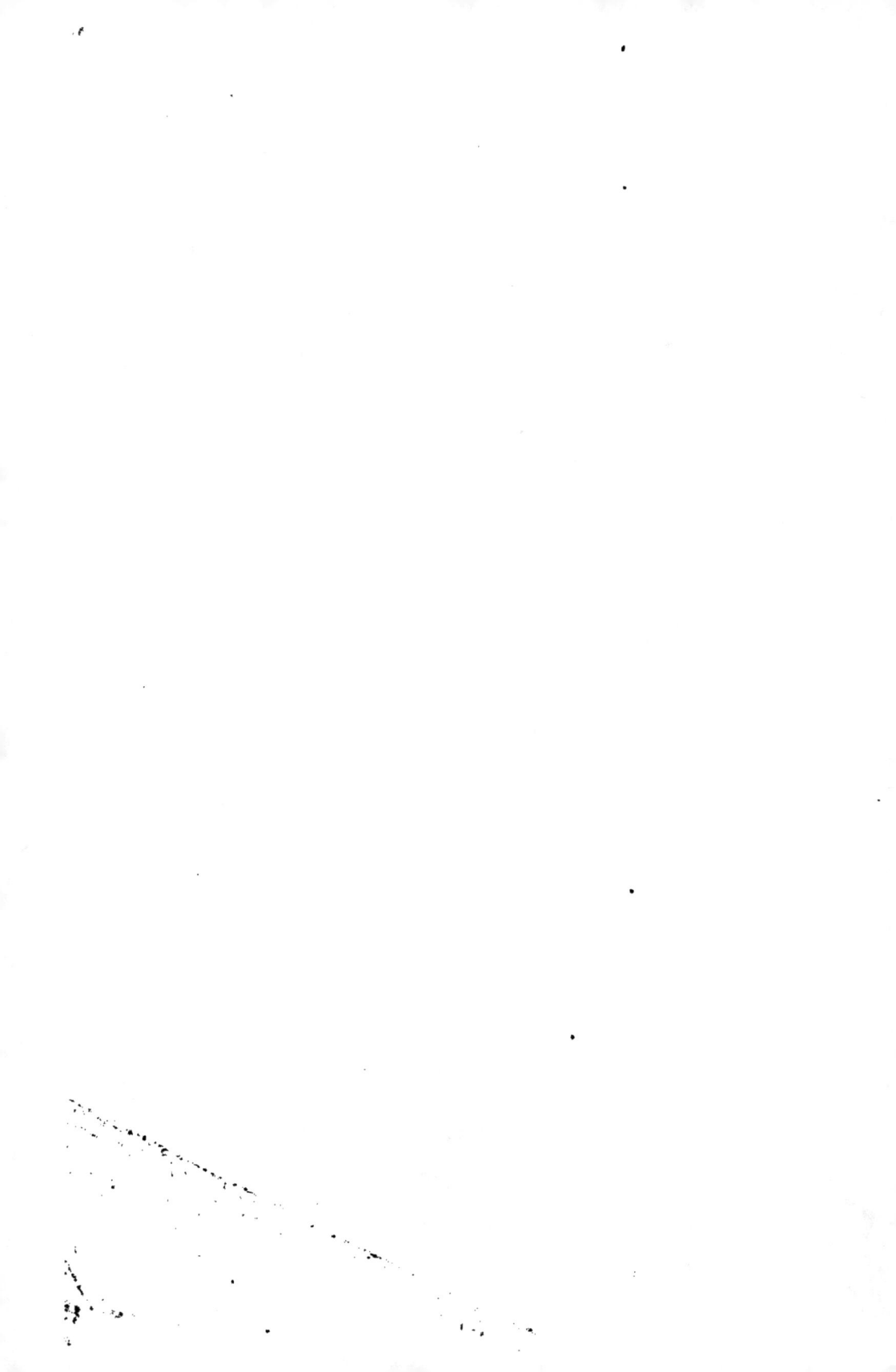

UN MALFAITEUR

PUBLIC

JULES FERRY

DU MÊME AUTEUR

ESSAIS DE POLITIQUE DÉMOCRATIQUE. — 1871. 1 vol. in-18 chez Lacroix et Verboeckhoven.

L'ENSEIGNEMENT DES SCIENCES ET DE LA MÉDECINE EN ALLEMAGNE. — 1876. 1 vol. in-8°, chez Germer-Baillière.

HISTOIRE DE LA GUERRE CIVILE DE 1871. — 1879. 1 vol. in-8°, chez G. Charpentier.

LE MARIAGE ET LE DIVORCE. Étude de Sociologie. — 1880. 1 vol. in-18, chez Germer-Baillière.

PORTRAITS POLITIQUES CONTEMPORAINS. (Louis Blanc, Jules Grévy, Clémenceau, Henri Brisson, etc.). — 1880-1886, une série de vol. in-12, avec portraits et autographes, chez Marpon et Flammarion.

DE LA RESPONSABILITÉ POLITIQUE DANS LA DÉMOCRATIE. — 1835, brochure in-18 de 72 pages, chez Elie Bloch.

POUR PARAITRE PROCHAINEMENT.

LA POLICE DES MŒURS EN FRANCE. — Étude de Sociologie. 1 vol. in-18 de 300 pages.

3596. — ABBEVILLE, TYP. ET STÉR. A. RETAUX. — 1886.

UN

MALFAITEUR

PUBLIC

—

JULES FERRY

Par LOUIS FIAUX

ANCIEN CONSEILLER MUNICIPAL DE PARIS

—————————

Prix : 1 fr. 50

—————————

PARIS
LIBRAIRIE INTERNATIONALE
ACHILLE LE ROY
145 bis, RUE SAINT-JACQUES, 145 bis
1886

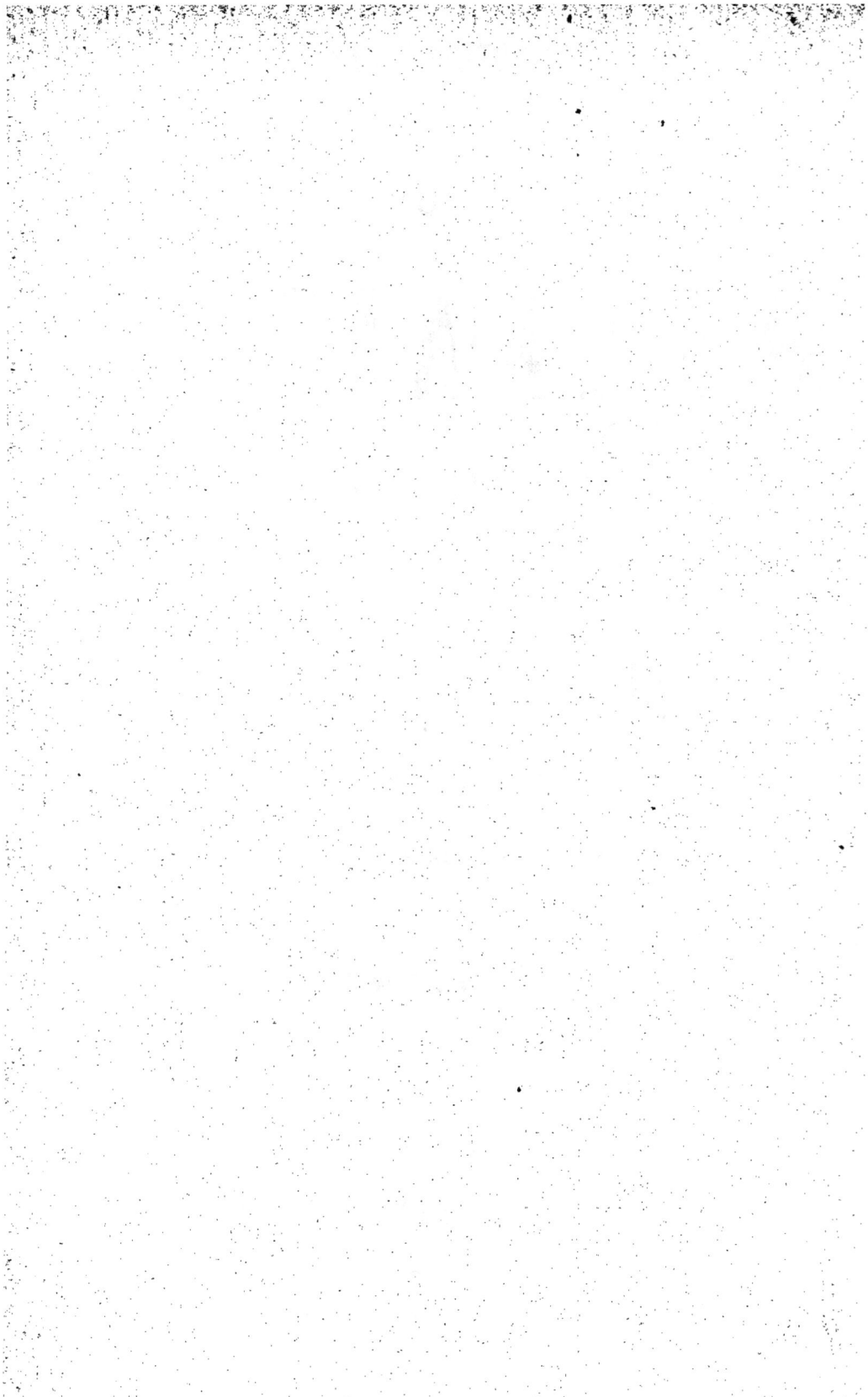

AVERTISSEMENT

Assez d'autres ont intérêt à prêcher l'oubli des fautes et des crimes des chefs de la faction opportuniste.

Ceux-ci en ont grand besoin pour couvrir leur inintelligence politique ou leur complicité; ceux-là en ont également besoin pour créer le milieu favorable à leur ambition. Sous ce patriotique prétexte d'une union que personne ne conçoit que comme le soubassement du pouvoir dont on convoite la prise ou la reprise, c'est à qui passera l'éponge.

Nous sommes de ceux qui veulent que la tache reste bien en lumière.

Le souvenir ou la vue du mal suggèrent seuls le moyen de trouver le remède.

Le vice de l'opportunisme a fini par se résumer, se concréter dans un homme dont l'action a jeté la France et la République dans des dangers dont l'opinion publique, avec son bandeau d'indifférence et d'inertie, ne se rend pas compte encore.

Au lieu de nous taire et de tirer le rideau, nous avons voulu répéter hautement le détail des faits.

Il nous a paru que le moment ne serait jamais passé de remettre sous les yeux des républicains les actes de Jules Ferry, vrai criminel d'État, à qui la lâche ineptie de la Chambre du 21 août 1881, a fait si large place dans notre politique intérieure et étrangère.

Tout se tient, d'ailleurs, dans cette vie que nous avons remontée jusqu'à ses premiers agissements publics : les commencements en expliquent le développement et la fin d'hier.

Que le titre de cet opuscule ne fasse point illusion au lecteur : ce ne sont point ici des pages de polémique, et pas un instant la passion légitime qui doit animer le dénonciateur de tant de criminelles imbécillités, n'altère la minutieuse vérité.

Faux républicain, escamotant les votes des orléanistes et des républicains en 1869, stupide et traître administrateur de Paris, dont la présence a vraiment déshonoré le siége prussien, candidat mendiant le patronage de Buffet aux élections vosgiennes de février 1871, misérable valet de la réaction versaillaise après les massacres de mai, osant rentrer comme préfet dans ce Paris qu'il avait affamé comme maire, marchand de paroles dans les Chambres jusqu'en 1879, jour où il parvint à enlever, pour le malheur de nos institutions d'enseignement, le portefeuille de l'instruction publique, ministre des affaires étrangères sollicitant le protectorat de M. de Bismarck, jetant la France dans le dérivatif des aventures pour conjurer le progrès démocratique et jouer après Gambetta les Césarions !

Voilà le politicien que nous allons voir à l'œuvre !

Il ne nous déplaît pas, en publiant ce petit livre, de penser que malgré l'atmosphère parlementaire où il s'agite et conspire encore, Jules Ferry pourra savoir quels sentiments et quelles pensées il soulève toujours chez une quantité non négligeable de citoyens.

L. F.

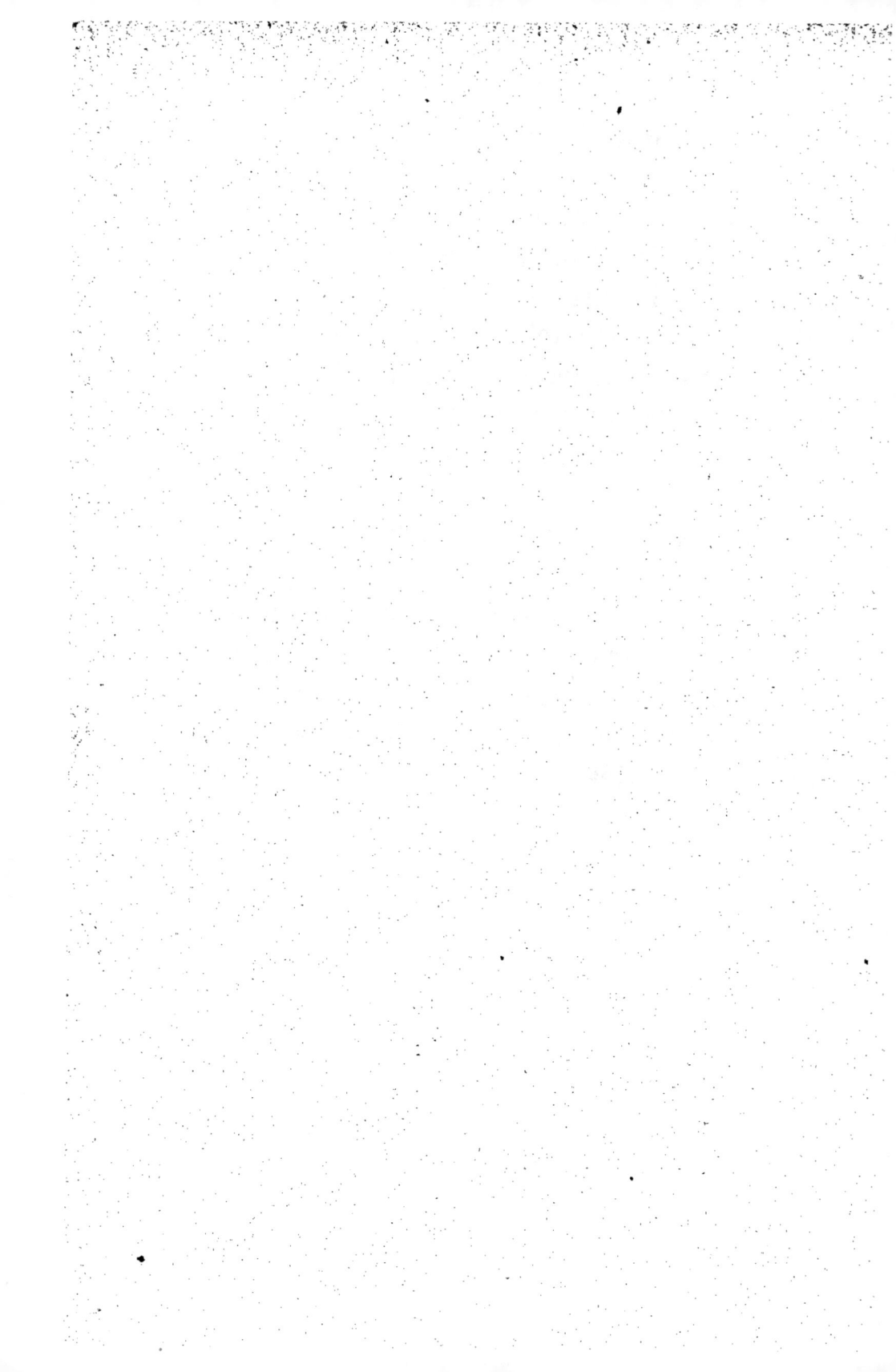

UN MALFAITEUR PUBLIC

JULES FERRY

I

Origine de Ferry. — La famille. — Le milieu. — Le briquetier de Robache. — Jules Ferry de 1863 à 1869. — Jules Ferry et Delescluze. — La botte de Goudchaux et les reins de Ferry. — Jules Ferry autonomiste. — Les Comptes fantastiques d'Haussmann. — Les congrès de Nancy et de Lausanne. — L'élection de la deuxième circonscription de Paris en 1869.

La cellule familiale est de qualités médiocres.

Nous nous sommes souvent demandé de quel giron pouvait bien sortir ce grand Vosgien, haut sur cuisses, carré d'épaules, aux gros os, aux joues velues, aux mains bestialement onglées, au nez indécent, à l'air à la fois hardi et servile des valets de grands cercles de boulevards, à la parole haute, banale, souvent grossière, toujours incorrecte et mal venue.

C'était là une charpente humaine et provinciale, que

l'on ne heurte guère dans la presse parisienne et les assemblées parlementaires.

D'où venait Ferry ?

Il y avait à la fin du siècle dernier, aux environs de Saint-Dié, un lieu aride, mal famé, une sorte de désert de terre glaiseuse, où rien ne poussait, pas même de légumes, mais où affluaient en revanche tous les mendiants suspects, tous les mauvais ivrognes des six lieues à la ronde : c'était Robache.

Un Ferry y avait élu domicile.

C'était l'aïeul du politicien aventurier ; il avait cherché refuge là, devant la défiance des habitants de Saint-Dié ; ne sachant quoi faire, il avait monté des fours à chaux et à briques.

Les paysans d'alentour, qui avaient à se faire construire des maisonnettes, n'aimaient guère avoir affaire au briquetier Ferry. C'était un dicton des environs de Robache, qui ne s'est pas perdu :

« Vendre une vache à crédit à Ferry ! je ne lui f... pas même le veau. »

Le briquetier haussait les épaules et continuait son bon commerce.

En 1815, le fils aîné de l'industrieux industriel était maire et acclamait les alliés et les royalistes. Heureux temps ! « Nos bons amis les ennemis » festoyaient à Robache : on échangeait les hospitalières buveries et les paniers de champagne pour de bonnes routes bien cailloutées où roulaient les chariots de briques et de sacs de chaux en compagnie des canons allemands.

Heureux temps !

Il y a, dans l'Est, de ces gens dont la fortune monte toujours au milieu des malheurs publics et sous le couvert des étrangers d'outre-Rhin.

La cellule familiale de Jules Ferry, la voilà !

C'est celle de ces petits entrepreneurs rapaces, madrés compères, rouleurs de jour et de nuit, traînant la canne au poing, grands gars forts de gueule et de gouleau, toujours à l'affût d'un liard et d'un jobard, élevant leur fortune de petite ville à coups de raccrocs, au milieu de l'étonnement des voisins et de leurs souvenirs douteux.

On s'explique maintenant l'osseux et avide Vosgien montant à l'assaut de la République, à la conquête de la fortune française, se gaussant du malheur national, n'y voyant que l'occasion propice de se hausser et de se faire ronde pelote !

Et par parenthèse, — quelle maligne plaisanterie de nature a fait sortir de cette cellule familiale, brutale et mal taillée, a donné pour parent au briquetier de Robache l'avorton-miniature qui, sous le nom de nain Ferry, divertit si fort le roi Stanislas à sa cour de Nancy? Plût à la fortune de la France que le malfaisant personnage qui nous occupe n'eût jamais approché du pouvoir qu'à la manière du petit bouffon lorrain !

C'est à Saint-Dié, le 5 avril 1832, qu'est né Jules Ferry (François-Camille).

Son père, Édouard Ferry, était avocat. Veuf de bonne heure, il quitta Saint-Dié en 1845 avec ses trois enfants, une fille, Adèle, morte dans les dernières années

de l'empire, et ses deux fils Jules et Charles ; il vint
avec eux habiter Strasbourg.

Jules Ferry, le lycéen d'Alsace, ses études finies,
vint faire son droit à Paris et se fit inscrire au tableau
de l'ordre des avocats en 1854.

Le Deux-Décembre avait laissé fort calme ce futur
irréconciliable : il fit des conférences dans les parlottes,
ergota à la conférence Molé.

Jusqu'en 1863, Jules Ferry ne trouva pas le moyen
de faire parler de lui. Très loin derrière les Ernest
Picard et les Emile Ollivier, que leurs talents avaient
mis dès 1857 en lumière contre l'Empire, il restait dans
la pénombre avec ses éminents amis Hérisson, Philis et
autres de même envergure. Il écrivassait dans *la Gazette
des Tribunaux* et autres journaux de droit, plaidaillait
au tribunal civil devant la cinquième chambre, une
école primaire pour les petits stagiaires, la chambre
des affaires « brouilleuses », comme on disait dans la
salle des Pas-Perdus, jouait les secrétaires dans les
réunions politico-électorales de salon, chez H. Carnot,
chez Léonor Havin, mais ne perçait pas.

Quelques articles donnés à *la Presse* de Girardin et
au *Courrier de Paris* de Clément Duvernois, lui firent
croire un instant qu'il était déjà un personnage. Pré-
maturément doué de cet imperturbable aplomb, aujour-
d'hui à son paroxysme, il tranchait devant ses anciens,
et dogmatisait avec ce mélange de servilité et d'impudence qu'on connaissait aussi dès lors.

En 1863, il était de ceux qui aspiraient à se mettre
en avant : il gourmandait tout le monde, trouvait les
plus ardents trop tièdes.

Un jour, — c'était chez H. Carnot, il y avait aussi Hérold, Laurent-Pichat, Goudchaux, d'autres républicains très fermes au nombre desquels Delescluze, — Jules Ferry s'emporta, faisant la leçon, molestant celui-ci, celui-là : tout à coup Delescluze, irrité de ces prétentions impertinentes, se lève et s'adressant au bavard infatué : « Taisez-vous, jeune homme ! » dit-il à Ferry avec un geste de colère. Goudchaux, moins patient, prend Ferry par l'épaule, le pousse hors la pièce et active la sortie d'un coup de botte : sans un prompt et prudent mouvement, les... reins de Ferry étaient caressés comme ceux de Scapin. La botte de Goudchaux fut arrêtée par la porte vitement tirée.

Goudchaux et Delescluze n'avaient pas tort de se refuser à subir les leçons de cet avocaton si fort en menaçantes paroles.

Quelques jours plus tard, le bouillant personnage montrait ce qu'il fallait attendre de sa valeureuse impatience.

Quand il s'agit de publier le *Manuel électoral* qui devait servir à éclairer le suffrage universel sur ses droits si fort lésés par l'empire, cette curieuse scène se passa : Jules Favre, Clamageran, Dréo, Floquet, d'autres, avaient avec Ferry collaboré à la confection de cette utile compilation de renseignements administratifs et politiques. Il fallait en venir à la question de signature. — Qui signerait le livre ? Comment la responsabilité serait-elle répartie ? — Jules Ferry refusa bravement de mettre son nom. La publication lui semblait d'une hostilité trop publique. — Il fallut que Jules Favre le menaçât de saisir l'opinion républicaine.

C'est ainsi que commença publiquement l'opposition de Jules Ferry.

Sa prudence du reste lui faisait voir juste. La publication du *Manuel* lui valut d'être assez puérilement impliqué par la magistrature impériale dans le *Procès des Treize :* il en fut quitte pour une petite amende comme membre d'un comité électoral constitué sans autorisation.

Malgré sa maigre notoriété, Jules Ferry n'en posa pas moins aux élections de 1863 sa candidature dans la sixième circonscription de Paris ; il dut à son grand déplaisir céder le pas à Garnier-Pagès.

Son ambition électorale manquait d'une base suffisante.

N'ayant pu entrer au Palais-Bourbon, Jules Ferry se contenta de publier une nouvelle brochure, *la Lutte électorale*, dans laquelle il dénonçait les procédés de la candidature officielle : au grand étonnement de ses amis, il osa signer cette fois. L'histoire du veau de Calvet-Rogniat défrayait sa verve de candidat évincé.

La troisième république en a vu bien d'autres en Corse et ailleurs avec Jules Ferry : l'opportunisme a dépassé le bonapartisme ; ce ne sont plus seulement des veaux qu'on tue aujourd'hui à la grande gloire du Césarion du jour.

Jusqu'aux élections prochaines, Ferry devait faire taire ses prétentions législatives : il n'avait plus qu'à se préparer et à donner satisfaction à ses goûts de famosité en méritant par des travaux de publiciste plus sérieux l'attention publique.

Étrange époque que ces sept ou huit dernières années d'empire ! quelle pénurie d'hommes ! Et à part Thiers,

Jules Favre, Jules Simon, quels pygmées se trouvent à la tête de l'opposition parlementaire ! Il faut arriver à Rochefort et à Gambetta pour qu'enfin l'on sorte du banal et de l'obscur.

Rien de plaisant pour ceux qui travaillent aujourd'hui en consciencieux et en infatigables, soit dans la presse, soit dans les assemblées municipales des grandes villes, soit même au Parlement, comme de voir à quel bon compte l'on arrivait alors à jouer son rôlet contre l'empire.

Jules Ferry en est, avec quelques autres, Brisson par-exemple, un des plus démonstratifs exemples.

Jules Ferry était entré au *Temps*, en 1865.

Il y faisait l'article au jour le jour. L'administration d'Haussmann et des commissions municipales avait particulièrement attiré son attention. Il dépouilla les budgets extraordinaires, fit de la critique, hélas ! trop facile, malmena le dictatorial préfet, fit grand tapage dans les colonnes d'Hébrard et de Nefftzer.

Puis réunissant en une troisième brochure sa série d'articles, il allait publier — chez Le Chevalier, — comme Horn, Allain-Targé, Ernest Hendlé, son factum destiné à un prompt oubli, quand son heureuse étoile se leva enfin.

Un confrère spirituel, M. Béquet, lui donna le titre qu'il cherchait et ne trouvait pas.

Les Comptes fantastiques d'Haussmann parurent. Le titre gai, humoristique, tira l'œil.

Si on lut peu, on rit beaucoup.

Jules Ferry passait en vedette — grâce à l'esprit de Béquet. Mince travail ! forte récompense !

Heureux temps pour les médiocres que celui où la notoriété se conquiert avec de tels titres, — sans jeu de mot !

En dehors du journalisme, Jules Ferry cherchait activement d'ailleurs à se mettre en lumière.

Arrêtons-nous à deux épisodes graves de sa vie d'homme déjà suffisamment public.

Nous voulons parler du congrès de Nancy (1865) et du congrès de Lausanne (1869).

L'intervention de Ferry dans la question de l'administration municipale parisienne est déjà très caractéristique : nous y reviendrons un peu plus loin.

Ceci était beaucoup plus significatif encore.

Il n'était pas sous l'empire un esprit clairvoyant à qui tous les vices de l'organisation administrative et politique issue du coup d'État de Brumaire, soigneusement conservée par les deux monarchies de 1814 et 1830 et par le gouvernement provisoire de 1848, exaspérée jusqu'aux dernières limites de l'impossible par le second empire, n'eussent suggéré de sérieux plans de réorganisation générale pour toutes les institutions de l'État.

L'école purement jacobine était déjà très discutée, très combattue.

Le parti républicain avait fait son examen de conscience ; dans l'ordre administratif, politique, militaire, social, il avait enfin compris comment finissent les républiques et les républicains dits classiques.

Quand Robespierre en germinal et après lui les thermidoriens avaient voulu mettre un obstacle infranchissable à la marche ascendante de la révolution, ils avaient frappé la plus grande municipalité de France, la Commune modèle, celle qui symbolisait le mieux le municipalisme, la Commune de Paris.

Quand Bonaparte fit son coup d'État, les politiciens du Directoire avaient, depuis quatre ans, brisé les libertés municipales et départementales par leurs commissaires délégués, et fait la place nette pour la dictature militaire.

Quand, au lendemain des journées de Juillet 1830, le duc d'Orléans escamotait les revendications populaires des héros qui avaient donné leur sang sur les barricades parisiennes, et réduisait la plus belle révolution du dixneuvième siècle à la mutation de personnes royales, l'avortement d'une telle conclusion n'était possible que par la permanence d'un organisme provincial qui rendait toute compréhension des révolutions parisiennes difficile, par conséquent tout concours impossible.

Si le Deux-Décembre avait été si tranquillement préparé, avait si facilement réussi, n'était-ce pas parce que les mêmes armes constitutionnelles, toute la panoplie monarchique, se trouvait là, sous la main du pouvoir exécutif ?

Ces vérités désormais affirmées par cinquante années de preuves, c'est-à-dire d'épreuves publiques, de désastres intérieurs et extérieurs, d'abominables proscriptions et hécatombes sociales, le parti républicain dispersé, mutilé au lendemain de 51, en avait fait l'objet de sa méditation.

Dès qu'il reprit possession de lui-même, il comprit que la véritable tradition de la révolution avait été, d'une part, trop méconnue par ses chefs, d'autre part,

systématiquement brisée par toutes les restaurations
monarchiques, et, du même coup, il trouva l'unique et
féconde formule d'une seconde déclaration de droit
populaire à mettre en face de l'autre.

Oui, des défaites subies par la démocratie dans la
première partie du siècle, découlait d'urgence une
évolution organique profonde dans la conception de
toutes les branches des services publics.

Pas un acte antidémocratique qui n'eut de 1799
à 1850 trouvé la sanction et le concours :

1º De l'armée du fonctionnarisme administratif;

2º De l'armée elle-même ;

3º De la magistrature;

4º De l'Église;

5º D'une classe sociale organisée de façon à esquiver
en partie l'impôt de finance et totalement l'impôt du
sang : j'ai désigné la bourgeoisie antiprolétarienne,
l'aristocratie bourgeoise de l'industrie et de la finance.

De 1850 à 1860, pas un acte de la démocratie française, — en partant des anciens Cinq de 1857 pour
aller jusqu'aux ouvriers de l'Internationale en 1868, —
qui n'ait repris à pied d'œuvre ou tout au moins par-
tiellement indiqué la transformation sociale et politique
de ces cinq facteurs sociaux.

Il y a plus : en ce qui concerne l'organisation administrative, les orléanistes eux-mêmes, les libéraux dans
la note de Buffet, de Laboulaye, du duc de Broglie
l'ancien, de beaucoup d'autres, devant le colossal et
écrasant monolithe de la centralisation impériale,
avaient eux-mêmes compris que c'en est fait de la force
et du génie d'une nation où la liberté, — c'est-à-dire

non pas seulement le pouvoir de parler et d'écrire, mais le droit d'initiative et de participation dans les affaires publiques, communales et provinciales, — où la liberté ainsi comprise est proscrite.

Jules Ferry avait compris tout cela à cette époque.

Disons mieux, si, dans sa vie publique, quelque chose explique la situation qu'il a pu occuper aux affaires depuis 1870, c'est le langage qu'il a tenu à la démocratie en soutenant publiquement une doctrine et des pratiques de gouvernement où chacun voyait clairement la restauration de la puissance et du libre génie du pays.

Le Congrès de Nancy, en 1865, permit de formuler avec tout l'éclat d'un programme, non pas d'opposition (qu'est-ce qu'un programme d'opposition?), mais d'un programme gouvernemental, les principaux statuts de l'organisation républicaine — en ce qui concerne plus particulièrement la réforme de l'administration.

Jules Ferry écrivit, lui qui tient le langage que l'on entendait naguère à Épinal, à Lyon, à Bordeaux et ailleurs, il écrivit alors aux organisateurs du Congrès de Nancy ces lignes mémorables où, quoi qu'il dise, il y a autre chose que la passion de parade d'un opposant qui cherche tout ensemble à blesser l'adversaire au pouvoir et à recueillir des succès de plume :

Morceler l'autorité préfectorale, écrivait Jules Ferry, — car ceci, nous y insistons, n'a pas été parlé, mais écrit, et les écrits restent, — même ceux de Jules Ferry, — faire disparaître jusqu'au nom de cette institution issue en droite ligne des Césars de la décadence, c'est vraiment, comme on dit aujourd'hui, replacer la pyramide sur sa base. Je vous remercie de m'avoir associé à cette bonne cause...

L'unité monstrueuse, qui nous appauvrit et

qui nous accable, est admirablement adaptée à certaines entreprises dont on ne peut nier ni l'éclat ni la grandeur : Voulez-vous être la nation la plus compacte, la plus belliqueuse, la plus dangereuse pour la paix du monde ? Soyez la plus centralisée, c'est-à-dire LA PLUS GOUVERNÉE, la plus façonnée à l'obéissance, la plus facile à mettre en mouvement, mais aussi la plus incapable de se conduire elle-même, et la moins propre à la liberté que l'histoire aura connue. Mais si vous voulez être un peuple laborieux, pacifique et libre, VOUS N'AVEZ QUE FAIRE D'UN POUVOIR FORT. Fractionnez-le donc pour l'affaiblir. Cela semble si banal qu'on ose à peine l'écrire : et pourtant nous avons vu, nous voyons encore des esprits distingués qui s'acharnent à la poursuite de cet insoluble problème de donner pour base aux institutions et aux garanties parlementaires, le régime administratif du premier empire revu et non amélioré par le second ! La raison qu'ils en donnent, c'est que la France, habituée à sentir une main qui la gouverne, ne peut se passer d'un régime fort. Restons chez nous alors : La France est servie à souhait ! Ou si nous rêvons des destinées plus hautes, souscrivons tous à cette formule qui n'a du paradoxe que l'apparence : La France a besoin d'un gouvernement faible.

Puis accentuant, précisant sa pensée, sortant du vague de la critique pour présenter l'affirmation et donner la formule pratique, Jules Ferry continue :

Il n'y a qu'une manière d'être libre : c'est de le vouloir. La liberté se prend, ne se mendie pas. Quand la province voudra, quand l'idée réformatrice, qui part avec vous aujourd'hui pour faire son tour de France, aura rallié toutes les forces dispersées ou endormies, toutes les activités sans emploi que la centralisation déclasse et sacrifie, il n'y aura ni pouvoirs ni parti qui tiennent : LE MUNICIPALISME SERA LE MAITRE...

Enfin, il achève, il prononce le grand, le dernier mot de la décentralisation communale. Sigismond Lacroix et le conseil municipal de Paris étaient devancés de vingt ans !

Que ne peut-on attendre, conclut-il, d'UNE VÉRITABLE AUTONO-
MIE COMMUNALE, livrant aux esprits sans culture, mais ouverts et
droits, qui foisonnent dans nos agglomérations laborieuses, des
questions simples, précises, et des intérêts palpables ?

J'ai dit : autonomie. C'est le vrai mot. Rien ne
dit mieux ce qui nous manque. Tous les bienfaits que nous
attendons de la vie communale sont à ce prix.

**Si la commune n'est pas maîtresse d'elle-
même, elle s'énerve et s'atrophie. Elle perd
son individualité, elle devient une circonscription administrative, le dernier degré de
la hiérarchie, quelque chose de moins qu'un
sous-préfet !**

Oui, voilà ce qu'écrivait Jules Ferry !

Mais ce n'était pas assez d'écrire ceci à Paris, il
allait le répéter avec plus de passion encore à Lausanne,
au *Congrès de la paix*, en 1869.

Là, en plein auditoire de libéraux et de révolutionnaires mêlés, devant des professeurs d'économie politique, des ouvriers de *l'Internationale*, des publicistes
venus des quatre coins de l'Europe, il renouvelait ses
déclarations impératives.

C'est lui qui, aux applaudissements enflammés de
tout l'auditoire, prononçait ces non moins caractéris-
tiques paroles :

Si vous accouplez ces deux choses : le régime parlementaire et
la centralisation, sachez que le régime parlementaire, soit
sous une république, soit sous une monarchie, n'a que le choix
entre ces deux genres de mort : la putréfaction comme sous
Louis-Philippe, ou l'embuscade comme avec Napoléon III.

Un mot encore avant d'arriver à l'élection de 1869,
pour un détail qui manquerait au portrait de Ferry
réformiste.

En 1866, les réorganisations politiques et administratives ne suffisaient pas à l'activité de Jules Ferry.

Avec l'éminent professeur de droit Accolas, il était
de ces jurisconsultes qui étudiaient la refonte du Code
civil. On se réunissait chez Accolas lui-même : il y
avait là Jules Simon, Hérold, Clamageran, Floquet,
Joseph Garnier, Vacherot, Henri Brisson, Léon Richer,
Jules Favre, des jeunes et des vieux. Quand vint la discussion du Titre VI, relatif au divorce aboli par la loi
de 1816, tous, — moins Brisson et Jules Simon, — tous,
Jules Ferry un des plus ardents, votèrent la restauration
intégrale du Titre VI, c'est-à-dire la restauration du
divorce dépouillé de toutes les restrictions de procé-
durier et de moraliste catholiques dont l'empêtre la loi
actuelle. (Accolas, *Code civil*, t. 1. *Procès-verbaux
des réunions.*) Nous verrons en février 1881 comment
Ferry se souviendra de son vote de juriste réformateur
de 1881, dans le cabinet du professeur Accolas !

Cependant, l'on était arrivé à l'année fatidique, 1869!
Partout sonnait le grand réveil, cette diane démocratique qui allait faire lever la France.

Ferry comptait bien cette fois faire sa trouée dans le
Parlement ; il prit rang parmi les *irréconciliables*, les
intransigeants de ce temps-là, et vint poser sa candidature dans la sixième circonscription électorale, alors
formée par le VIe et le VIIe arrondissements actuels.
Guéroult était le député sortant. Deux autres compé-
titeurs lui disputaient la place : l'un était M. Augustin
Cochin, candidat conservateur et clérical, patroné
par le gouvernement ; l'autre un ancien confrère du
Temps, Henri Brisson.

Il est curieux de voir quelle petite place occupaient alors Ferry et Brisson dans la démocratie parisienne, malgré leurs prétentions réciproques.

Un écrivain, mort avant d'avoir pu donner sa mesure et fixer sa vie publique, A. Vermorel, écrivait précisément à propos de Ferry et de Brisson les lignes qui suivent, où est équitablement pesé et apprécié leur personnage d'alors. Vermorel intitulait ce petit chapitre de son livre : *Deux Mirmidons* (1).

« La démocratie, disait-il, ne présente pas, ou du moins elle n'a pas présenté jusqu'ici de candidat contre M. Guéroult, ce que nous regrettons vivement. Mais deux candidats se présentent, qui se placent sous l'invocation de la démocratie : MM. Jules Ferry et Henri Brisson.

« Que signifie cette compétition? MM. Ferry et Brisson sont deux avocats qui, n'ayant pas réussi au Palais, se sont jetés dans la voie plus facile du journalisme, et, quoiqu'ils se disent tous les deux républicains, ils sont tous les deux cependant rédacteurs du *Temps* qui, comme on sait, est un journal conservateur.

« Que M. Ferry et que M. Brisson se présentent aux électeurs chacun de leur côté, nous n'avons rien à y reprendre ; mais ce qui est vraiment dérisoire, c'est qu'ils se présentent l'un contre l'autre.

« Eh quoi ! voilà deux jeunes hommes qui ne sont pas encore sortis de l'école, où ils étudient sur les mêmes bancs, et qui n'ont pas même l'embryon d'une personnalité politique, et ils osent venir mettre le suf-

---

(1) *Les Vampires*, chez Décembre-Alonnier, 186), p. 139-143.

frage universel en demeure de se prononcer entre eux deux !

« ... Eh quoi ! parce que vous avez eu la chance de vous faire attacher à la rédaction d'un journal politique, aux appointements de cinq cents francs par mois, et que vous y avez griffonné quelques articles sous votre signature, vous vous prenez pour un homme politique et vous vous imaginez que la France a les yeux sur vous !

« O misère ! si on leur tordait le nez, il en sortirait du lait, et les voilà qui se posent en législateurs de la République future ! Arrière les petits crevés du boulevard, voici venir les illustres moutards de la politique !

« Si du moins ils se présentaient comme les candidats de leur jeunesse ! Mais, non ! ils veulent se poser en docteurs ! Politiques au biberon, ils n'ont même pas l'âge de discernement, puisqu'ils se disent républicains et qu'ils écrivent dans les journaux conservateurs, et ils veulent que le public les prenne au sérieux. Ces petits Saint-Just, avec leur tête qu'ils portent comme un Saint-Sacrement, sont vraiment à placer sous cloche !...

« Le suffrage universel veut être respecté ; il est indispensable qu'une candidature sérieuse et vraiment démocratique se produise dans la sixième circonscription, car il est indispensable de faire échec à MM. Guéroult et Cochin. »

La compétition de Brisson ne laissait pas d'être dangereuse à l'ambition de Ferry ; elle pouvait assurer à Guéroult le bénéfice d'une majorité relative.

A tout prix Ferry tenta de forcer Brisson à la retraite.

Jamais activité d'intrigant, de débiteur de boniment sur l'estrade électorale ne se déploya plus habilement.

Le terrain était difficile.

Comment concilier dans l'urne les cléricaux du faubourg Saint-Germain et la jeunesse libre-penseuse des écoles ?

Sans plus d'embarras, on vit Ferry à la salle Gravier renchérir sur Guéroult devant les ouvriers des usines du Champ de Mars, tonner contre la politique ultramontaine, le Syllabus, et, aux bravos de l'auditoire, chasser Pie IX du Vatican! Puis on vit ce même Ferry, rue du Bac, à la salle du Pré-aux-Clercs, devant un public de domestiques et de concierges d'hôtels bien pensants, « parler des droits de la conscience humaine, du respect de la religion, de la légitime considération due à ses ministres qui... que... ! etc. ».

Étourdi, aveuglé par ces prestigieuses jongleries, Brisson ne se sentit pas de force : il traversa la Seine, passa sur la rive droite et alla se faire battre dans les IX° et X° arrondissements par Glais-Bizoin.

Ferry restait maître de la place.

Au premier tour de scrutin, il tenait la tête, devançant Guéroult de plusieurs milliers de voix.

Guéroult se retirait.

Au second tour, Ferry était élu par près de 16,000 suffrages contre Cochin.

L'élection fut célébrée à gauche comme un brillant succès.

C'est que, malgré toutes ses habiletés, Ferry avait dû prendre des engagements publics qui rendaient sa victoire absolument significative.

A Belleville même, la démocratie parisienne rédigeant ses cahiers, avait gravé les futures tables de la loi de la République. Par chaque statut elle y confessait des erreurs chèrement payées et désormais répudiées.

Gambetta avait accepté et signé ce programme.

Ferry, lui aussi, l'avait adopté en lui donnant une forme plus agressive et plus originale encore.

Le programme de Ferry, la profession de foi,— selon l'expression quasi-sacrée adoptée par la démocratie,— qu'était-ce donc ?

Quatre ans après la lettre au congrès de Nancy, l'année même de la déclaration du congrès de Lausanne, répétant, raisonnant, résumant toute la doctrine dans la phrase concise et solennelle à la fois que les candidats affichent sur les murs, Jules Ferry avait imprimé et signé ce qui suit :

... L'expérience,— une expérience chèrement acquise,— a dû nous apprendre quelles sont, au sein de cette grande démocratie française, les conditions fondamentales du gouvernement libre.

Pour fonder en France une libre démocratie, il ne suffit pas de proclamer :

L'entière liberté de la presse ;

L'entière liberté de réunion ;

L'entière liberté d'enseignement ;

L'entière liberté d'association.

Ce n'est pas assez de décréter toutes ces libertés, il faut les faire vivre.

La France n'aura pas la liberté, tant qu'elle vivra dans les liens de la centralisation administrative, ce legs fait par le Bas-Empire à l'ancien régime, qui le transmit au Consulat

La France n'aura pas la liberté, tant qu'il existera un clergé d'État, une Église ou des Églises officielles : l'alliance de l'État et de l'Église ; elle nous a valu, entre autres, cette interminable occupation romaine, qui fausse notre situation en Europe et qui tend incessamment, parmi nous, à faire dégénérer les questions politiques en querelles religieuses.

La France n'aura pas la liberté, tant qu'elle ne possédera pas une justice sérieusement indépendante du pouvoir ;

La France n'aura pas la liberté, tant qu'elle s'obstinera dans le système des armées permanentes qui entretiennent, d'un bout à l'autre de l'Europe, l'esprit de haine et de défiance ; qui, à l'intérieur, éternisent les gros budgets, perpétuent le déficit, ajournent indéfiniment la réforme de l'impôt, absorbent enfin dans des dépenses improductives les ressources qu'exige impérieusement la grande œuvre sociale de l'enseignement populaire.

Aussi faut-il vouloir, par dessus tout, la **décentralisation administrative, la séparation absolue de l'État et de l'Église, la réforme des institutions judiciaires par un large développement du jury, la transformation des armées permanentes.**

CE SONT LA LES DESTRUCTIONS NÉCESSAIRES ; en y travaillant, la génération actuelle préparera de la manière la plus sûre l'avènement de l'avenir.

Qu'on ne s'y trompe pas, — et Ferry alors ne s'y trompait pas plus que les électeurs parisiens, — le programme de 1869 était bien le cahier politique de la démocratie, la charte sortie des entrailles mêmes du peuple !

En reprenant notre histoire à 89, c'est-à-dire en remontant la vie d'un centenaire comme le savant Chevreul, — (cela semble l'histoire d'hier !) — tous ce statuts s'étaient rencontrés dans les annales républicaines.

La séparation de l'Église et de l'État, — elle avait été réalisée de 1795 à 1802 ;

La décentralisation administrative, — elle l'avait été avec la Constituante, la Législative, la Convention elle-même ; les réformateurs éclairés de 1830 à 1848, de Proudhon à Louis Blanc lui-même, l'avaient sans trêve demandée ;

La réforme de la magistrature, — elle a été impérieusement réclamée par Raspail qui, dès 1834, voulait avec ses amis politiques le jury à tous les degrés, la réforme des codes, l'élection des juges ;

L'organisation des troupes nationales, c'est-à-dire des milices de défense solidement organisées et exercées, scientifiquement encadrées, — elle avait existé avec les quatorze armées victorieuses de 1793 ; elle était voulue à nouveau, depuis quarante années, par les meilleurs républicains, entre autres, par celui que l'on a appelé justement le Richelieu de la démocratie, par Auguste Blanqui.

Qu'importait dès lors que des chefs décoratifs comme Lafayette en 1830, Armand Marrast et Garnier-Pagès en 1848, Jules Favre de 1857 à 1869 eussent été réfractaires et n'eussent pas compris la profondeur du mouvement !

Non, le programme de 1869 n'était pas éclos en une nuit, comme un ballon de fantaisie gonflé en une heure, ou comme un article de polémique antibonapartiste, écrit sur un coin de table de journal dans un instant de colère : c'était une œuvre de raison consciente, d'organisation réfléchie, c'était un édifice populaire cimenté par le peuple lui-même.

Le programme de 69, c'était la révolution de 89-94 elle-même reprise, continuée, grandie, remise au point, adaptée au milieu !

Non, Ferry ne s'y trompait pas, alors !

Comme ses culbutes et ses pirouettes de la salle Gravier et de la salle du Pré-aux-Clercs inquiétaient certains irréconciliables... comme lui, entre autres Edgar Monteil, hier, capitaine d'état-major de la Comm ne , ce matin, opportuniste convaincu et chevalier de la Légion d'Honneur ; ce soir, opportuniste repenti, radical d'opposition devant les électeurs de l'Isère, — on vit Ferry très indigné, redresser vertement ce trouble-fête et écrire à un journal compère, au *Siècle* (du 24 mai 1869) :

> M. Monteil dit que j'ai refusé d'accepter le cahier des électeurs de la première circonscription présenté à M. Gambetta !
>
> C'est le contraire qui est vrai.
>
> Je l'ai déclaré conforme à ma politique, implicitement compris dans mon programme.

Tout commentaire est inutile, n'est-ce pas ?

Jules Ferry au Corps législatif. — Campagne législative de Ferry pour la constitution d'un conseil municipal de Paris. — Proposition de suppression de la préfecture de police (24 janvier 1870). — Jules Ferry après Reischoffen. — Il harangue le peuple le 4 août 1870 du haut de la terrasse du pont de la Concorde et l'invite à rester dans la légalité. — Jules Ferry le 4 septembre.

Rien n'indique mieux le sérieux de ces paroles que l'attitude de l'extrême gauche depuis les premiers jours de la constitution du ministère Ollivier (décembre 69 — janvier 70).

Rien ne l'indique mieux que l'attitude de Jules Ferry lui-même pendant la courte législature qui précède la chute de l'empire.

A peine entré au Palais-Bourbon, il revient sur cette question si grave des libertés municipales qui semble obséder, comme une idée fixe, toute cette première partie de sa vie publique : il la porte à la tribune. C'est pour lui comme un domaine politique exclusif sur lequel il veut se mouvoir seul.

Il dépose dès l'ouverture de la session un projet de loi qui embrasse toute l'organisation communale.

Nous en détachons les articles suivants relatifs à Paris :

Art. 8. — Les attributions du conseil municipal de Paris sont celles qu'attribuent aux autres conseils municipaux les lois en vigueur.

Art. 9. — La ville de Paris a un maire et trois adjoints, « nommés à la majorité absolue des suffrages par le conseil municipal. »

Art. 11. — Le préfet de la Seine est nommé par le gouvernement. Ses fonctions sont celles des autres préfets.

Art. 12. — Le titre et les fonctions du préfet de police sont supprimés.

Et le 24 janvier 1870, il donne à cette proposition le commentaire suivant :

« C'est par un étrange abus de langage qu'on s'en va répétant que Paris appartient à la France et non aux Parisiens. La ville de Paris a des intérêts municipaux considérables, parfaitement distincts de l'État. Pourquoi lui refuser obstinément les droits élémentaires qu'on reconnaît aux moindres villages ? Au fond, l'on n'a jamais invoqué contre le droit de Paris qu'une raison, la raison d'État. »

Qu'est-ce que ces paroles sinon les mêmes que Clémenceau et Sigismond Lacroix et Hovelacque prononceront quinze et vingt-cinq ans plus tard en prenant possession de la présidence du conseil municipal de Paris : « Paris aux Parisiens pour le bien de la France et de la République ! »

Mais Ferry ne s'en tient pas là : dans la presse où il continue à écrire, dans le journal d'Ernest Picard, *l'Électeur*, il encourt une forte amende, — 12,000 francs, — pour un article intitulé *Les grandes manœuvres électorales*, où, avec insistance, il revient encore sur l'exorbitant pouvoir des préfets.

En même temps, s'inspirant toujours du programme qu'il vient de signer, et notamment de l'article relatif à la réforme militaire, il seconde activement les attaques de Gambetta contre le militarisme et la discipline prétorienne : il proteste contre les mesures prises par le ministre de la guerre, Lebœuf, envers les soldats coupables du crime de présence dans les réunions publiques; il proteste contre l'intervention des troupes dans les grèves minières, etc.

Ses votes contre le plébiscite et la déclaration de guerre à la Prusse nous amènent aux dernières heures de l'empire.

L'opposition parlementaire entendait bien tenir tête à Napoléon III dans les colonnes du compte rendu de l'*Officiel*, mais son courage n'allait pas au delà.

Ferry commençait à trouver que les électeurs prenaient beaucoup trop au sérieux les menaces de *destructions nécessaires*.

Le 4 août, quand on apprit à Paris l'écrasement de Reischoffen, le peuple se porta en masse au Corps législatif pour crier : *Vive la République!* et sommer la gauche de prendre la direction du mouvement. La foule était si houleuse, si patriotiquement emportée que l'on put croire un instant à l'envahissement de la salle des délibérations.

Jules Ferry, avec les autres députés de la gauche, se hâta de se porter au devant de la manifestation, il monta sur la terrasse qui fait face au pont de la Concorde et invita chaleureusement les manifestants à rester dans la légalité en rentrant dans l'ordre.

Singuliers chefs de républicains, à qui ne pouvait même pas s'appliquer la plaisante définition de Ledru-Rollin!

Jules Ferry voulant bien être leur chef, — mais ce n'était pas pour les suivre !

Un vigoureux élan, un coup d'audace dans Paris sauvait la France des effroyables désastres qui allaient, sans trêve, fondre sur elle.

Cette prudence assurait les journées de Sedan et de Metz à la France.

« Que diable voulez-vous ! disait héroïquement Ferry, — Palikao nous ferait tout simplement fusiller ! » (Sic.)

Le 4 septembre, Ferry, l'irréconciliable, déjeunait tranquillement au café d'Orsay pendant que le peuple chassait du Palais-Bourbon la Chambre des officiels de 1869.

Dans l'après-midi, Ferry rejoignait Jules Favre et Trochu à l'Hôtel de Ville.

———

III

*Jules Ferry, maire de Paris. — Son inepte et criminelle
administration. — Jules Ferry le 31 octobre. —
Paris affamé. — Les chevaux nourris avec la farine
de froment. — Les Parisiens nourris avec du son et
de la viande de rats. — Jules Ferry plus ennemi de
Paris que les Prussiens. — Les correspondances
administratives de Jules Ferry et de Clémenceau.*

Jusqu'au 31 octobre, Ferry compte peu comme
membre du gouvernement de la Défense nationale : il
y remplit les simples fonctions de secrétaire.

Dès le début, Trochu n'eut pas de caudataire plus
fidèle.

« Paris ne peut pas tenir plus de quinze jours, »
disait le général.

« Le siège est une folie ridicule, » répétait Ferry.
Et cela dès le 6 septembre.

Toutefois, Ferry intervenait déjà dans l'administration municipale proprement dite, et ses collègues le
considéraient comme le successeur désigné d'Étienne
Arago, qui, pour la plupart, était *ingrata persona.*

C'est grâce à Ferry que les droits d'octroi ne furent
supprimés que le 14 septembre, et qu'ainsi un nombre

considérable de convois de bétail, de fourrages, de combustible durent refluer en Seine-et-Oise, — où les Prussiens s'en emparèrent quelques jours plus tard.

Le 18 septembre, le jour de l'investissement complet, Ferry disait à qui voulait l'entendre : « Nous n'avons de vivres que pour deux mois ! »

Propos d'homme d'État, aussi bien informé que politiquement patriote !

On sent quel défenseur Paris avait en un tel personnage. N'omettons pas de rappeler que Ferry, le 19 septembre, figure parmi les membres du gouvernement signataires de la note qui approuve le rapport de Kératry sur la suppression de la préfecture de police.

Le fait est connu, mais il n'en est pas moins bon de le répéter à satiété :

« La préfecture de police, créée par le Consulat, consolidée par le premier empire, fortifiée par le second, est un des rouages les plus importants de cette centralisation excessive que l'Europe ne doit plus nous envier, écrivait le préfet de police Kératry. Son existence, impérieusement nécessaire sous un gouvernement personnel, semble incompatible avec les institutions que la France est appelée à se donner ; et il a paru au préfet de police que le moment était venu pour le pouvoir de briser volontairement entre ses mains cette arme terrible dont ses prédécesseurs ont tant abusé.

« ..... Il convient de faire, non plus de la décentralisation théorique, mais de la liberté effective, en rendant à la magistrature la police judiciaire, au ministère de l'intérieur la sûreté générale, à la mairie de Paris la police municipale et la gestion des intérêts qui la concernent.

« Le gouvernement qui aura fait cela, aura bien mérité du pays, et aura, en outre, réalisé sur le budget municipal et sur le budget de l'État une importante économie... Le préfet de police a l'honneur de proposer au gouvernement de la Défense nationale la mise à l'étude immédiate de la suppression et de la liquidation de la préfecture de police. »

Jules Ferry répondit avec ses collègues :

« Le gouvernement de la Défense nationale *approuvant complétement l'esprit et les termes du rapport qui précède, invite M. le préfet de police à lui présenter un projet de décret qui réalise les propositions éminemment libérales et républicaines* dont il a pris la courageuse initiative (1). »

C'est le 31 octobre qui fit de Ferry un des grands hommes du siège.

Pendant que Jules Simon se cramponnait désespérément à Rochefort et l'adjurait de sauver le gouvernement en annonçant les élections municipales ; pendant que Rochefort, puis Lefrançais, portés par les gardes nationaux de Flourens sur la table de marbre de la salle du Trône, prononçaient la déchéance des incapables de Septembre et jetaient à la foule les noms qui composaient le nouveau gouvernement, Ferry s'échappe : il court chercher un bataillon bien pensant, le

_____

(1) Ont signé : général Trochu, J. Favre, Em. Arago, Gambetta, Garnier-Pagès, JULES FERRY, Jules Simon, Ernest Picard, Henri Rochefort, Pelletan.

106ᵉ de la garde nationale, et quelques compagnies de mobiles bretons, et, pénétrant dans l'Hôtel de Ville par le souterrain qui communique avec la caserne Lobau, il débouche au milieu même des assiégeants.

Il ne parlait rien moins que de fusillade immédiate, de peloton d'exécution.

Il fallut que Delescluze et Dorian accourussent calmer son terrible zèle au nom de la sécurité de ses collègues prisonniers.

On sait le reste : le refus de constituer le conseil communal que la population démocrate réclamait, et la concession de l'élection des maires de quartiers qu'elle ne demandait pas, la démission de Rochefort, les poursuites contre les principaux chefs du mouvement, etc.

Le lendemain Ferry était maire de Paris.

En quels termes pourra-t-on jamais assez flétrir sa stupide incurie? Comment stigmatisera-t-on bien les bévues inouïes, les inintelligences monstrueuses, les taquineries systématiquement mauvaises, les révoltantes partialités, le bas esprit de classe, les gaspillages quotidiens, — amoncelés avec une inénarrable profusion par cet odieux incapable?

La première mesure de salut public était le rationnement, elle s'imposait sous peine de haute trahison. C'est que, dans une ville assiégée, le gaspillage des vivres fait des ravages plus terribles que le canon de l'ennemi.

Nous n'avons pas besoin de dire que pas un fait n'est avancé ici qui ne soit d'une authenticité publique et indiscutable; nous n'écrivons pas seulement avec nos

souvenirs et les notes remises par d'anciens administrateurs; nous écrivons, *le Journal officiel* sous les yeux.

Pendant TROIS MOIS ENTIERS tout ce qu'il y avait de
démocrates, de patriotes, de clairvoyants dans Paris
assiégé réclama à grands cris ce rationnement.

Ce fut en vain.

Pendant trois mois, du 18 septembre, jour de l'investissement complet, jusqu'au 10 décembre, — JUS-
QU'AU DIX DÉCEMBRE, vous avez bien lu, — il fut loisible
de nourrir les chevaux, les chiens avec de la farine de
froment, avec du pain blanc; il fut loisible à la fraction
aisée de la population parisienne de faire des provisions
de farine et de tout autre aliment pour l'heure inévi-
table de la disette que la politique municipale « du
laisser-faire » allait rendre doublement dure! Ferry ne
s'en rendit compte que sur les récriminations de
Magnin, ministre du commerce; dans un tardif avis, le
26 novembre, il se décida à apercevoir ce grave méfait
et à le signaler sans toutefois le menacer de pénalités
sévères.

Ce fut donc le 10 décembre seulement que le
membre du gouvernement de la Défense nationale délé-
gué à l'administration du département de la Seine et à
la mairie de Paris annonça dans ses circulaires aux maires
d'arrondissements que « *la nécessité de rationner le
pain pouvait se produire à bref délai* (SIC). »

Alors les suites de l'insanité municipale se traduisi-
rent par la confection et la vente de cette préparation
antinutritive de pain de plâtre, de paille et de son que

la population dut consommer jusqu'au 28 janvier, avec de la viande de cheval, de chien, de rat, — et jusqu'aux *parties immondes* des bêtes de somme.

Puis, passant de l'extrême incurie à la pratique la plus stupidement, la plus méchamment bornée, et, comme pour se venger des critiques sanglantes qu'il avait essuyées, — le maire Ferry, après avoir réquisitionné toutes les pommes de terre, les *laissa pourrir* dans les sous-sols des halles plutôt que de les distribuer à la population.

A la fin de janvier 71, le stock des légumes secs (haricots, lentilles, pois, etc.) était encore tellement considérable que le ministère de la guerre eut la pensée d'en nourrir les chevaux de la cavalerie, et qu'à cet effet une commission de médecins vétérinaires était nommée.

Le 28 janvier, quand les garnisons parisiennes évacuèrent les forts pour les livrer à l'ennemi, il se trouvait dans les casemates de l'administration aux vivres — des centaines de tonnes d'huile, des quintaux de viande salée, de jambons et de lard fumés, de conserves de toute nature, vin, alcool, etc. *Ce fut abandonné à l'ennemi.* Au fort d'Issy, — nous parlons ici de ce que nous et nos amis avons vu, — l'étonnement des officiers bavarois et saxons était extrême ; ils ne pouvaient comprendre que la garnison d'une ville affamée eût encore une telle quantité d'aliments, et surtout que ce fût abandonné à l'ennemi.

Jamais, enfin, Ferry ne montra un zèle si dévorant pour le rationnement qu'à la veille même de la capitulation. Je note *le 27 janvier* des circulaires pressantes, des invitations impératives, des menaces patriotiques. Jamais le héros n'avait mieux compris ses devoirs !

O pitié !

Mais ce n'est pas tout.

Dans son détail même, l'administration de Ferry fut plus volontairement néfaste et criminelle encore.

Le 31 octobre n'avait pas vainement fait trembler Ferry et ses collègues de la Défense à l'Hôtel de Ville.

Les arrondissements périphériques, Belleville et Montmartre surtout, avaient fourni le grand contingent des protestataires. Ce fut contre eux que se dirigea le ressentiment de tous ces vains incapables, offensés qu'on osât seulement souligner leurs désastreuses sottises.

Ferry, pour justifier ses partialités vindicatives, posa en principe que tous les arrondissements centraux ou périphériques devaient être traités sur le même pied : jamais il ne voulut comprendre que les arrondissements périphériques avec le service des portes, des postes et des avant-postes de remparts, des ambulances volantes, ne pouvaient pas être traités sous le rapport du chauffage et de l'éclairage, par exemple, comme un arrondissement du centre.

En janvier 71, Ferry lance circulaire sur circulaire relativement aux coupes à faire dans les bois de Boulogne et de Vincennes : vainement Belleville, Montmartre, Charonne réclameront une sérieuse part de bois. Qu'importe à Ferry que les Bellevilloises et leurs petits aient froid et en meurent ? Est-ce que de cette race et de ces femelles-là, comme dira en mai 1871

M. Alexandre Dumas fils, il n'y a point de trop?
Plutôt que de satisfaire aux demandes des mairies
locales, Ferry aimera mieux faire la répartition de telle
sorte que la ville de Paris puisse encore mettre de ces
bois de chauffage dans les cheminées de ses bureaux
en... 1875.

Rappellerons-nous que les boutiques de vente pour
le service de la boucherie étaient organisées de telle
sorte que, pour obtenir trente grammes de viande de
cheval, il fallait que les malheureuses ménagères fissent,
les pieds dans la neige, au froid de l'aube, des queues
de quatre ou cinq heures?

Et la question des vaches laitières, du lait pour les
petits enfants? C'était Chaudey, l'*alter ego* de Ferry,
que cela regardait! Le IXe arrondissement s'en était
débarrassé habilement, comme maire, aux élections du
5 novembre; Ferry s'était hâté de le prendre comme
adjoint à l'Hôtel de Ville. Chaudey, — paix à sa
mémoire! — n'en fut pas moins bien dur pour Montmartre; il *refusa* des vaches laitières aux Montmar-
troises. Sans le généreux dévouement d'un ou deux
nourrisseurs du XVIIIe arrondissement, que de pauvres
petits seraient morts, grâce à la malveillante incurie de
l'adjoint ferryste dont les bévues, les renseignements
sans queue ni tête, excitaient souvent le rire au milieu
des plus sombres moments. Clémenceau l'avait appelé,
le malheureux Chaudey, dans une boutade : « *Le président de la société du doigt dans l'œil!* »

Ceci est mieux.

Fin décembre et janvier, la mairie centrale, malgré
les récriminations du maire local, expédiait imperturba-

blement au XVIIIe arrondissement des sacs de farine de... cent kilogrammes qui n'en contenaient que quatre-vingt-huit.

« *Il faut bien qu'il nous payent le* 31 *octobre,* » avait-on dit dans le cabinet de Ferry.

Les fins de non-recevoir, les refus révoltants, les dénis de justice, les haines mal cachées devinrent telles qu'au risque de soulever un mouvement dans Mont-martre, Clémenceau dut menacer la mairie centrale de saisir la population par voie d'affiches.

Que dirons-nous encore? L'argent abondait : le maire Ferry en refusait à ceux qui avaient cessé de plaire. Cent mille francs devaient être répartis pour venir en aide aux écoles libres, — les seules qui fussent alors laïques, on s'en souvient : — Ferry résiste, chicane ; finalement la répartition s'opère au seul bénéfice des insti-tuteurs qui se font les agents politiques de l'Hôtel de Ville.

Les habitants des arrondissements bombardés avaient reflué dans Paris ; ils s'étaient dispersés à droite, à gauche, un peu au hasard de la retraite, dans tous les arrondissements. Ces pauvres réfugiés étaient fort mal-heureux ; ils rencontraient beaucoup d'obstacles et sou-vent de mauvaises volontés de la part des mairies locales, qui ne voyaient en eux que des intrus venant, avec leurs demandes de cartes de boulangerie et de boucherie, rogner la part des autres. Magnin, ministre du commerce, proposa très judicieusement à Ferry de réunir tous les réfugiés dans un ou deux arrondisse-ments, particulièrement vides des riches francs-fileurs, pour faciliter l'organisation des secours et de l'alimentation (24 janvier). Ferry refuse : « La proposition de Magnin est impolitique comme agglomérant trop ces *périphériques !* »

Un dernier trait qui peint le caractère de Ferry.

L'administrateur dont l'incapacité dictatoriale aboutissait, depuis quatre mois, à créer la plus grande somme de misères que jamais population ait endurée dans les temps modernes, le personnage dont l'orgueil égalait l'ineptie administrative, trouvait le temps de se préoccuper de ceci !

Oui, la grande préoccupation de Ferry fut, — qui l'imaginerait ? — que, dans les correspondances administratives des quelques maires démocrates avec la mairie centrale, le formalisme épistolaire fût intégralement observé et que l'on ne l'appelât pas — *citoyen,* — lui, Ferry, membre du gouvernement !

J.-A. Lafont, le député actuel de la Seine, alors adjoint de Montmartre, qui n'employait jamais d'autre formule, reçut de l'hôtel de ville cette incroyable admonition :

« Je vous serai obligé, écrivait Ferry à Clémenceau, de recommander à MONSIEUR (*sic*) Lafont, votre adjoint, d'employer dans sa correspondance administrative des formes plus convenables. » (*Textuel.*)

Ainsi il s'est trouvé un homme politique, élevé révolutionnairement au pouvoir le 4 septembre, chargé d'un service public comme celui de la mairie de Paris, pour donner deux minutes de son temps à penser cette sottise et à l'écrire de sa main !

Le ridicule de cet instant le dispute ici sérieusement au criminel de toute sa conduite.

Ferry, à la mairie de Paris, n'a pas été seulement l'administrateur que l'on voit, mais un politicien haineux, cherchant sa revanche.

Disons-le : pendant le siége, les pires ennemis des Parisiens n'avaient pas été les Prussiens.

IV

Ferry veut aller arrêter Gambetta à Bordeaux. — Election de Jules Ferry dans les Vosges en février 1871. — Rayé sur la liste républicaine, il est porté sur la liste royaliste avec MM. Buffet, de Ravinel, etc.

Jules Ferry, le 28 janvier, ne se faisait pas d'illusion sur l'opinion de Paris à son égard.

Il savait que la grande ville l'écarterait du pied.

Il partit immédiatement pour les Vosges, — non pas cependant sans avoir donné un dernier témoignage public de son patriotisme. Le gouvernement de Paris était exaspéré contre Gambetta qui prétendait continuer la lutte; avec Jules Simon, l'ex-maire se montra un des plus excités contre le chef de la Défense provinciale : « Qu'on me délègue à Bordeaux, moi, dit-il, je réclame l'honneur d'aller l'arrêter ! »

L'inquiétude électorale de Ferry était aussi grande que compréhensible; on ne l'avait pas vu dans son pays natal depuis 1845, époque de son départ pour le lycée de Strasbourg. Malgré son élection parisienne de 1869, il y était peu connu; à cause de son incapacité stupidement criminelle de 1870 (dont la renommée l'avait rapidement précédé), il y était, par contre, trop connu.

Ferry se retourna prestement.

Il sentait que l'Assemblée de Bordeaux allait demander la paix : il avait trop contribué à la capitulation de
Paris pour ne pas s'asseoir au milieu de cette majorité.

Il lui fallait un siége.

Mais comment?

C'était difficile.

Ferry n'hésita pas : il sollicita publiquement le parti
royaliste et clérical.

IL ALLA TROUVER BUFFET.

D'ailleurs, ce n'est pas inutilement que du vieux
briquetier de Robache était sortie cette génération de
Ferry, cousins et homonymes plus ou moins cousinants
de Jules Ferry, qui pullule aujourd'hui dans les Vosges.

De ces Ferry, pas un ne fut libéral, ni surtout républicain avant 1870.

Le Ferry de 1815, l'aïeul de Jules Ferry, était sup-
pôt de la Congrégation, ami du roi et des alliés, nous
l'avons vu.

M. Edouard Ferry, le père de Jules Ferry, était
bonapartiste et surtout clérical : son frère ainé, un
oncle de Jules Ferry par conséquent, était bonapartiste notoire et clérical pratiquant. Ce dernier fut
adjoint de Saint-Dié sous l'empire : les frères de la
Doctrine chrétienne ayant été chassés des écoles
en 1830, ce magistrat, en excellent catholique, contri-
bua à les y réintégrer.

Un des cousins les plus connus de Ferry — (nous
laissons de côté MM. Ferry de Loussière, Martin Ferry,

— nous omettons un oncle, M. Camille Ferry, un autre cousin, M. René Ferry, —) un des cousins germains les plus connus dans les Vosges, M. Auguste Ferry, dit Hercule, était, sous l'empire, un des bonapartistes les plus décidés de l'arrondissement. Il a été question un instant de lui, comme candidat en août dernier, sur la liste ferryste des Vosges.

Détail plaisant, — nos correspondants de l'Est nous assurent que ce même M. Hercule Ferry, le 4 septembre, pendant que Jules Ferry de Paris allait à l'Hôtel de Ville proclamer la déchéance de l'empire, faisait à l'hôtel de ville de Saint-Dié une manifestation contre la proclamation de la République!

Jules Ferry retrouvait naturellement dans ce giron familial un milieu de tradition absolument favorable à sa volte-face : il y trouvait également des agents connus de l'habitant et tout préparés aux exigences électorales nouvelles, en même temps qu'aux négociations nécessaires.

Le parti républicain des Vosges tout entier était écœuré, indigné.

Quand les délégués républicains du département se réunirent à Épinal en séance plénière, le 6 février, un compère proposa Jules Ferry : le nom fut unanimement conspué, hué : « Jules Ferry sur une liste républicaine des Vosges! Quel rôle était-ce faire aux Vosges! Est-ce là qu'on ramasse le déchet électoral de Paris? »

Ce détail peindra l'état d'esprit des délégués républicains à Épinal, le 6 février :

L'adjoint parisien Jules Méline fut acclamé comme un héros de la défense parisienne en opposition à l'indigne conduite du maire de l'Hôtel de Ville.

La liste républicaine d'Épinal était ainsi composée : Contant père, Albert Ferry, Mathis, Jules Méline, Louis Jouve, Émile George, Nicolas Claude, Prosper Gilles.

Le coup était dur, quoique mérité.

Les agents, les compères de Ferry, Charles Ferry en tête, le frère cadet, essayèrent de l'atténuer en créant à Saint-Dié un comité électoral local dissident et en obtenant le retrait de Louis Jouve, poète et publiciste, au bénéfice de Jules Ferry, inscrit ainsi sur la seule affiche apposée dans l'arrondissement de sa ville natale. Qu'avaient-ils pu bien dire pour donner le change sur les hontes de l'Hôtel de Ville?

N'importe, les Vosges tout entières, des cantons vaillants comme Corcieux, s'étaient prononcés.

L'échec était certain.

C'est alors qu'à l'instigation de M. Buffet, les royalistes et les cléricaux rédigèrent la liste suivante: ils connaissaient les hommes qu'ils inscrivaient à leur suite.

Voici *textuellement* la liste indiquée et le bulletin de vote distribué aux électeurs royalistes pour le scrutin du 12 février 1871 :

MM. BUFFET (Louis), ancien député, ancien ministre;

FERRY (Jules) de SAINT-DIÉ, membre du gouvernement de la Défense nationale;

DANICAN PHILIDOR (1);

---

(1) Danican Philidor était l'ancien secrétaire général de la préfecture à Épinal jusqu'au 4 septembre 1870. Il omit naturellement cette qualité sur la liste royaliste.

KIENER, maire d'Epinal ;

GACHOTTE, maire de Saint-Dié;

CLAUDE (Nicolas), manufacturier à Saulxures;

DE RAVINEL (Charles);

AUBRY (Maurice), ancien député.

M. Maurice Aubry faisait partie de la grande maison de banque Donon, Aubry, Gratin et Cⁱᵉ : de 1856 à 1858, Charles Ferry avait été petit employé dans cette banque, alors située 44, rue de la Victoire. On voit comment, de ce côté, l'association s'était facilement faite avec le maire du 4 septembre. M. Aubry, député sous l'empire, était un des bonapartistes les plus militants de Mirecourt. M. Claude, aujourd'hui sénateur, passait pour un libéral timide sous l'empire. Quant aux autres candidats, leur notoriété royaliste et cléricale dispense de commentaires.

Le 12 février, cinq candidats de la liste royaliste et cléricale passèrent sur les huit inscrits :

MM. Buffet   avec   38,167 voix.
    De Ravinel   —   31,786 —
    Claude   —   31,138 —
    Aubry   —   30,770 —
    Ferry (Jules) —   23,439 —

De la liste républicaine, arrêtée à Épinal, deux candidats seulement passèrent :

MM. Contant père avec   22,637 voix.
    Émile George —   21,315 —

M. Émile George était notoirement connu pour ses relations avec M. Buffet, ce qui ne lui nuisit pas.

Quant au dernier candidat élu, avec 20,419 voix,
M. Steinhel, il n'était inscrit sur aucune liste ; il passa
comme protestataire et Alsacien ; c'était un protestant
piétiste.

Telle est l'histoire peu connue de l'élection de Jules
Ferry en 1871 ; c'est par cette porte, et accroché au
bras de M. Buffet, qu'il entra à l'Assemblée de Versailles.   •

Sans M. Buffet, Jules Ferry était réduit au seul vote
des électeurs de l'arrondissement de Saint-Dié ; sans
M. Buffet, il obtenait au plus 3,000 voix plus ou moins
républicaines.

Cette intrigue explique bien des points obscurs de la
politique de M. Ferry.

Inutile d'ajouter que le publiciste-poète, M. Jouve,
a été largement remercié du désistement qui, à tout
hasard, mettait le nom de l'ex-maire de Paris sur une
liste locale, et parait ainsi à l'affront d'une omission
complète.

M. Jouve, dont le talent doit être incontestable,
mais dont nous regrettons de ne point connaître les
poésies, a été nommé sous-bibliothécaire à l'Arsenal.

V

Jules Ferry et le 18 mars. — Jules Ferry et Thiers. —
Jules Ferry diplomate. — Sa réputation de loustic
à Athènes.

On conçoit la fureur de Ferry, sa rage concentrée et haineuse contre Paris, quand il y rentra au lendemain du vote de février.

Paris l'avait vomi, comme une impureté républicaine, comme un incapable, un renégat, un traître à la défense.

Paris ne lui avait même pas donné 47,000 voix comme à Adrien Hébrard, le directeur du *Temps*, pas même 23,000 voix comme à Dufaure.

Il rentrait cependant comme maire à l'Hôtel de Ville.

Thiers ne trouva pas de séide plus aveugle que Ferry dans sa politique antiparisienne. L'écrasement de cette démocratie vigoureuse, qui avait fait, par le 31 octobre, échouer le plan de la capitulation anticipée, était résolu.

Le désarmement de la garde nationale était le thème de tous les entretiens publics et privés de Jules Ferry. Des personnes dignes de foi, qui l'ont approché à cette époque, nous communiquaient, il y a huit années, pour un travail historique, les termes d'un de ces entretiens publics. Chose honteuse ! Ferry se servait de M. de Bismarck comme d'un épouvantail. Dans les premiers jours de mars 1871, il citait ces paroles de l'homme d'État prussien pour déterminer des chefs de bataillon à prendre eux-mêmes en main l'œuvre de désarmement : « J'ai un procédé infaillible pour désarmer la garde nationale, avait dit M. de Bismarck et répétait Ferry : c'est de continuer l'investissement ; je fermerai toutes les issues et, dans quinze jours ou trois semaines, quiconque voudra un morceau de pain m'apportera son fusil aux avant-postes. » — « Prenez bonne note de cela, mes amis, ajoutait Ferry, et voyez ce que vous avez à faire ! » Ce propos de M. de Bismarck, Ferry l'a naïvement et patriotiquement répété, mot pour mot, devant la commission d'enquête sur la guerre civile.

Le 17 mars, Jules Ferry, en qualité de maire, assistait avec le préfet de police Valentin, le général-gouverneur Vinoy et le général d'Aurelle, commandant de l'armée de Paris, au conseil des ministres tenu par Thiers au ministère des affaires étrangères : il coopéra au plan criminellement insensé, tenté le lendemain.

Toute la journée du 18, il accabla Valentin, Vinoy, le ministre de la guerre Le Flô, le ministre de l'intérieur Picard, Thiers lui-même de ses dépêches où la fureur le dispute à l'ahurissement ; Ferry avait voulu la guerre civile : il l'avait. Mais le dénouement ne tournait point à son gré.

Son télégramme de 7 h. 40 du soir est particulièrement digne de mémoire : « Allons-nous livrer les caisses ? car l'Hôtel de Ville, si l'ordre d'évacuer est maintenu, *sera mis au pillage*. » Telle est une des dernières paroles publiques du maire de Paris à l'adresse de la démocratie parisienne. Qu'elle n'oublie pas cette ignoble calomnie !

A neuf heures, Ferry se mit à table. Mais les gardes nationaux fédérés arrivaient fusils chargés ; quelques coups de feu retentirent sur la place de Grève.

Ferry très prudemment fila par les souterrains.

Il était depuis une grande heure et demie à la mairie du Ier arrondissement, que l'Hôtel de Ville n'était pas encore occupé par les fédérés. Le commandant Ranvier n'y était pas entré avant onze heures et demie.

C'est à ce trait d'héroïsme que se réduisent la conduite tant vantée de Ferry dans cette triste journée, et l'exactitude de sa dépêche ultime : « Les troupes ont évacué l'Hôtel de Ville... *Je sors le dernier*. »

A minuit et demi, un gros de fédérés, prévenus de la présence de Ferry à la réunion des maires de quartier, vient occuper les abords et cerner la mairie de l'arrondissement. Ces citoyens font sortir successivement Tolain, Millière, Bonvalet et autres : « Allez, allez, disent-ils, ce n'est pas vous que nous cherchons ! Où est Ferry ? — Cherchez vous-mêmes, » répliquent les maires et adjoints.

Au premier bruit de sabres-baïonnettes, Ferry, quoique fortement ému, avait compris. Il s'était, non sans raison, dit dans la journée que, de lui et de Clément Thomas, la garde nationale avait pu disputer quel était le plus coupable. Méline l'entraîne tout blême dans les pièces du derrière. Le maire de Paris saute par une fenêtre du rez-de-chaussée dans la cour de Saint-Germain-

l'Auxerrois ; il peut s'échapper par le presbytère.
Le lendemain, il était à Versailles.

Si quelqu'un devait se refuser à rentrer dans ce
Paris démocrate, désolé par un des plus abominables
massacres de notre histoire populaire, c'était assurément
le politicien misérable qui, pendant le siége prussien,
avait tant contribué à préparer l'horrible crise dont la
semaine sanglante était le dénouement.

Mais il est des pudeurs que Ferry ne connut, ne
connaîtra jamais.

Ce maire *in partibus*, ce préfet versaillais de Paris,
ce fonctionnaire fonctionnant à distance, osa rentrer
derrière l'armée. Il vint comme une sorte de grand
prévôt civil donner aux exécutions la sanction de sa
présence.

Sa vue provoqua des haut-le-corps et des haut-le-
cœur jusque dans les états-majors les plus hostiles aux
vaincus.

Quand les officiers de Mac-Mahon virent cette figure
circuler, s'installer au milieu d'eux, dans les salons du
quai d'Orsay, presque aux côtés du maréchal, ce fut
une explosion d'impertinences et d'insolences quasi-
publiques ; on affectait de le coudoyer, de lui jeter des
bouffées de tabac au nez, de le désigner, en le fixant,
d'un ricanement significatif.

Ferry ne broncha pas.

La presse conservatrice faisait des gorges chaudes,
citait les noms.

Personne ne rectifia, ne réclama, ni les officiers,
ni Ferry.

Il y a cinq ans, quand Camille Pelletan publia son beau et bon livre, y répéta le fait, tout au long, même silence.

Thiers, en politique, comprit ce que l'âme servile de son sous-ordre ne comprenait pas ; il nomma Léon Say préfet de la Seine, et éloigna Ferry en l'envoyant à Athènes comme ministre plénipotentiaire.

Ferry resta en Grèce jusqu'au 24 mai. Il a laissé, dans la société athénienne (détail curieux), le souvenir d'un loustic aimant à conter la gaudriole et la farce, se plaisant aux parties de table, aux réceptions de la cour et de la légation. Ce ministre n'a pas restauré la réputation d'hommes sérieux refusée aux Français à l'étranger.

Plus heureux que les diplomates anglais pris, l'année précédente, par des brigands de Pikermi, sur la route de Marathon, mutilés du nez, essorillés, finalement occis, Ferry rentra en France après la chute de Thiers. Hypothèse douloureuse ! pour conserver le nez, les oreilles, la bourse et la vie de Ferry, il eût, en cas de malheur, fallu que la France payât rançon. Payer pour conserver le diplomate à qui l'on doit l'insanité indo-chinoise ! — Combien paieraient patriotiquement, à l'heure présente, pour qu'il y eût encore des brigands en Grèce et, d'un cœur joyeux, leur donneraient une rançon viagère pour garder Ferry !

VI

Jules Ferry à l'Assemblée nationale, à la Chambre de 1876. — Jules Ferry le 16 mai. — Jules Ferry membre de la commission des Dix-Huit. — Détails inédits sur son héroïsme après le 14 octobre.

Rien de plaisant comme de lire les études politiques que Ferry a fait écrire sur son action publique et sa personne.

L'une d'elles, la dernière, par M. Ed. Sylvin, qui avait pour objet de donner la philosophie de sa politique générale, la raison de son attitude parlementaire de 1873 jusqu'à son arrivée au ministère de l'instruction publique, en 1879, est d'une lecture qui, vraiment, étonne. Il s'agit de préparer le lecteur à passer des luttes et des affirmations de 1869, au vote de la constitution royaliste de 1875 et aux contradictions réactionnaires de l'opportunisme le lendemain du 14 octobre.

« En face des événements terribles auxquels il avait pris une si grande part,... dit l'historiographe de cette célébrité contemporaine (1), en face d'une situation extra-

_____

(1) Chez l'imprimeur-éditeur Quantin, 1883.

ordinaire, unique dans l'histoire, comprenant la tâche qui incombait à son parti, au parti républicain, jeté en quelque sorte au milieu des ruines de tout, avec la mission de tout reconstruire, M. Jules Ferry dut faire un retour sur lui-même, sur le programme qu'il avait soutenu dans l'opposition à l'empire avec ses collègues de gauche; il dut se demander s'il était applicable et comment on pourrait l'appliquer, s'il n'y avait pas lieu de le soumettre à un examen consciencieux, à une analyse impitoyable, à une méthode rigoureuse, et d'en distraire les éléments étrangers ou périlleux.

« Pour mener à bonne fin ce travail mental, il était nécessaire de sortir du milieu dans lequel il avait vécu jusqu'alors, de se mouvoir, au moins par l'esprit, en dehors des préoccupations ordinaires d'un parti, de s'élever à des conceptions moins idéales, mais plus générales, de rechercher dans la réalité, et dans la réalité la plus humble, les points de contact au moyen desquels on pourrait faire passer les principes de la théorie à la pratique.

« En d'autres termes, on avait combattu pour la République; maintenant il fallait travailler pour la France.

« M. Jules Ferry est un de ceux qui ont le mieux compris cette nécessité, et qui se sont le plus fortement préparés à ce labeur nouveau par une observation et une méditation soutenues.

« Les caprices de la vie publique, en le contraignant à se présenter aux suffrages de ses compatriotes des Vosges, l'ont puissamment aidé. Il fut obligé de se dégager de la politique fiévreuse de Paris, qu'il est sans doute indispensable de connaître, mais qu'il ne faut pas connaître seule ; et après avoir senti vivre Paris avec une si violente intensité, il regarda vivre la France.

« L'école des hommes d'État, dans une république démocratique, sous un régime conçu dans le cerveau des villes, sorti des luttes enflammées qu'elles ont soutenu contre les intérêts et les préjugés qui constituaient le monde d'avant la Révolution, et qui résistent encore, tant les racines auxquelles ils tiennent sont profondément entrées dans les mœurs du peuple, — l'école des hommes d'État républicains, c'est la province, c'est la petite ville, c'est le bourg, c'est le village.

« C'est à cette école que Jules Ferry s'est formé... »

Toute cette phraséologie doctrinaire et de style académique, traduction accommodée des confidences personnelles de l'homme... d'État républicain, — car c'est ainsi que les biographes procèdent, — a pour signification que, chassé de Paris, élu par une fraction de la bourgeoisie cléricale et des cultivateurs réactionnaires de son département natal, Ferry, dès l'Assemblée nationale, mit de côté les principes d'organisation démocratique défendus par Paris et les grandes communes de France, principes qu'il avait lui-même adoptés quand il cherchait un tremplin à son ambition de famosité et de pouvoir. Cela donne, ou mieux prétend donner, la raison démonstrative de la culbute de l'homme d'État républicain, l'explication de ses sauts de carpe — ou mieux de crapaud du marais.

A quoi bon ? M. Sylvin a vraiment pris trop de peine à bâtir cette philosophie, à échafauder cette théorie justificative.

Avec un cerveau d'une culture aussi médiocre, un caractère aussi suffisamment abaissé, un ambitieux aussi publiquement éhonté, un politique qui à lui seul a plus déconsidéré le régime des assemblées parlementaristes que tous les césariens de l'école napoléonienne, qui a érigé le mensonge et l'apostasie en doctrines de gouvernement, à quoi bon encore une fois tant de philosophisme ?

Jules Ferry vota les lois constitutionnelles qui instituaient la présidence de la République et les deux Chambres.

Mais, — et ceci est un point capital, — il avait émis à propos du Sénat un vote qu'il ne faut point oublier.

C'était le 11 février 1875.

Pascal Duprat, récemment immergé dans l'Atlantique avec tous les honneurs dus à un ministre plénipotentiaire décédé en cabine de steamer, avait saisi l'Assemblée d'un amendement à la constitution Wallon, ainsi conçu :

« Le Sénat est électif.

« Il est nommé par les mêmes électeurs que la Chambre des Députés. »

Jules Ferry vota cet amendement qui entraînait l'élection du Sénat par le suffrage universel, avec Cochery, Hérisson, Noël Parfait, Rouvier et autres républicains de même trempe et détrempe dont nous retrouverons les votes au congrès de 1884.

Ferry avait dû voter aussi, sous l'impulsion de Gambetta et de Louis Blanc, *contre l'abrogation des lois d'exil des deux branches des Bourbons,* contre la péti-

tion des évêques, pour le retour de l'Assemblée à
Paris, pour la liberté des enterrements civils, contre
l'érection de l'église du Sacré-Cœur sur le plateau de
la butte Montmartre ; on y aperçoit déjà s'élever inso-
lemment, dominant Paris, le frontispice où seront écrites
les odieuses et absurdes paroles :

SACR. CORD. IES. GALLIA PŒNITENS.

La France repentante au Sacré-Cœur de Jésus.

Avant la dissolution même de l'Assemblée, Jules
Ferry, très certain de ne trouver désormais aucun
siége de député à Paris, ni dans aucune grande ville,
retournait assister avec exactitude à tous les comices
agricoles, à toutes les fêtes de villages, à toutes les
expositions horticoles de son département. Depuis le
mois d'octobre 1871, il était d'ailleurs conseiller général du canton du Thillot.

Là, il ne perdait pas une occasion d'exciter les passions
et les préjugés provinciaux contre la démocratie parisienne.

C'est ainsi que le 12 septembre 1875, au comice
agricole de Saint-Dié, il prononçait, entre autres sottises, aux applaudissements des réactionnaires du crû,
ces quelques mots, où les menaces haineuses de la peur
coudoyent une banalité économique :

« C'est parce que notre société est la plus juste,
celle où la richesse est la mieux répartie, celle qui a
rendu la propriété la plus accessible au travail, —
qu'elle trouve en elle-même, aux heures de crise, — la

force de réprimer et d'écraser les sectes détestables qui se lèvent pour la menacer (1). »

Pour parler ainsi en 1875, fallait-il que Ferry eût assez haï la démocratie parisienne du siége et du 18 mars, qu'il eût assez tremblé devant elle !

Toute sa campagne électorale de février 1876, pour entrer à la Chambre des Députés, fut marquée du même cachet de résistance antiprogressiste, qui allait si bien servir les desseins du parti royaliste.

Dans sa profession de foi, il insiste exclusivement sur l'organisation gouvernementale que l'Assemblée de Versailles vient de fonder : il y revient jusqu'à trois reprises, avec une insistance caractéristique de son état d'esprit :

« Deux Chambres sont chargées de faire vivre la République...

« Les députés que vous allez élire n'auront pas de constitution à faire, mais leur premier devoir sera de conserver celle que nous avons faite...

« Laissons les ennemis de nos institutions prendre la révision pour drapeau.

« C'est dans l'ordre constitutionnel que la Chambre a besoin d'une politique résolument conservatrice... »

Ferry fut élu le 20 février dans l'arrondissement de Saint-Dié, sa ville natale; il avait retrouvé ce comité de compères, qui avaient fait une liste séparatiste contre le comité central de tous les délégués républicains réunis à Épinal.

_____

(1) *L'Indépendant de l'Est* (21 septembre 1875). — Voir aussi *Répertoire général de Politique et d'Histoire contemporaine.* J. Baudry, 15, rue des Saints-Pères. — Année 1876.

C'est cette même année que Jules Ferry épousait civilement Mademoiselle Eugénie Risler, née en mai 1850, une des petites-filles du richissime fabricant de produits chimiques, feu Kestner, représentant du Haut-Rhin, en 1848.

Cette alliance précieuse faisait de Jules Ferry :

Le neveu du représentant Chauffour, aujourd'hui haut magistrat, dont l'honnêteté républicaine connue souffre publiquement d'une telle parenté ;

Le neveu de Charras, heureusement mort sous l'empire pour ne point voir les plagiaires du régime qu'il combattit à Paris et en exil ;

Le neveu de Charles Floquet ;

Le neveu de Scheurer-Kestner, l'ex-directeur de *la République française*, qu'il suffit de désigner ainsi ;

Le cousin de M. Marcelin Pelet, ex-député opportuniste du Gard, un des jeunes amis de Gambetta, du temps de la docile et dernière série Joseph Reinach, Étienne, etc. ;

Enfin le cousin du trop connu Zurichois, baron de Bavier, dit Bavier-Chauffour, qui a été au Tonkin compromettre dans de honteux tripotages l'honorable nom de la famille à laquelle il est allié.

Un peu après, le cadet de Ferry, Charles Ferry, sur lequel nous reviendrons plus loin, devenait gendre d'Allain-Targé et, ô ironie! — malgré son patois vosgien, — petit-gendre de feu Villemain.

Vos, felices, Ferri, nube... !

Il n'y a pas que la noblesse de l'ancien régime qui pourra désormais être citée comme s'entendant seule à cette politique matrimoniale, destinée à mettre entre les mains d'une aristocratie unie par les alliances pécuniaires et féminines, les premières places de l'État.

Jusqu'au 16 mai, Ferry resta de la suite de Gambetta, mais comme ces officiers qui critiquent sans cesse leur général et se mettent, autant qu'il leur est possible, au travers de ses plans. Sans cesse, on vit Ferry avec Sadi-Carnot et quelques autres contrecarrer l'action du chef des gauches, — non pas pour le forcer à la réalisation des réformes républicaines, mais pour s'opposer à tout mouvement qu'ils supposaient progressiste. Gambetta voulait briser toutes barrières parlementaires qui parquaient le troupeau de la Chambre en groupes et en sous-groupes, faire en un mot l'union des gauches ; Ferry fit échouer le projet, non pas qu'il voulût faire échec à l'autoritarisme de Gambetta, mais parce qu'il craignait que celui-ci ne penchât trop à gauche ou conservât quelque court tronçon de sa queue radicale.

La division prochaine du parti républicain était le résultat certain de cette attitude ; mais qu'importait à Ferry ?

Ajoutons que le rang effacé de Ferry, au milieu de ses collègues, s'expliquait par les souvenirs de l'incapacité du maire du siège ; ces souvenirs survivaient invinciblement.

L'auréole de patriotisme qui couronnait la tête de certains républicains de 1870, et les mettait au premier rang dans l'œuvre parlementaire, faisait vraiment trop défaut à la sienne.

Le 16 mai, Ferry crut comprendre dès le début que l'affaire ne comportait guère que des coups de langue à recevoir et à donner.

Sur ce terrain, il déploya une hardiesse admirable. Quand Gambetta descendit de la tribune après avoir prononcé sa harangue contre la dissolution, et que Ferry y monta à son tour pour se poser en soldat de la République et de la souveraineté nationale, on rapporte que Buffet, — qui cependant ne passe pas pour enclin aux démonstrations de mimique publique, — laissa voir sur son pâle et osseux visage un rire d'ironique mépris... Les souvenirs de l'alliance électorale de février 1871, les paroles douteuses, les promesses de derrière et les compromissions, tout cela lui remontait en mémoire : il connaissait l'homme et le républicain.

N'importe ! Ferry avait reparu bruyamment. A Ferry, que fallait-il de plus ?

M. de Ravinel, qui avait plus que Buffet pris tout ce bruit de tribune au sérieux, ne put empêcher l'arrondissement de Saint-Dié de renvoyer, le 14 octobre, l'héroïque 363 à la Chambre.

Dès la rentrée, Ferry fit partie du comité des Dix-Huit.

Trop périlleux honneur !

L'agression antirépublicaine se corsait chaque jour.

La résistance démocratique s'organisait.

Les sabres commençaient à cliqueter dans les antichambres ministérielles.

L'Élysée ne désemplissait, jour et nuit, de pantalons rouges.

Ferry commençait à apercevoir, — non sans clairvoyance, — que les coups de langue ne seraient pas les seuls qu'il faudrait donner et surtout... recevoir : il réfléchit.

Cette piteuse histoire a été déjà à demi dévoilée dans une polémique.

Reprenons-la, et cette fois avec moins de sous-entendus.

La commission des Dix-Huit n'était qu'un paravent destiné à masquer, — avec le décor constitutionnel, — une résistance qui devait à la première heure rapidement dépasser les bornes d'une légalité formaliste et pacifique.

Ceci était convenu entre trois hommes, qui, dès le début, arrêtèrent de passer des paroles aux actes, des délibérations aux armes.

Ces trois hommes étaient Gambetta, Clémenceau et Testelin.

Cette sorte de triumvirat formait le comité exécutif de la commission des Dix-Huit ; il agissait, au commencement, en dehors et à l'insu des quinze autres membres, lesquels avaient systématiquement déclaré que la résistance devait être avant tout et rester constitutionnelle.

Quand le danger royaliste devint réellement grave, quand le ministère Rochebouët fut constitué, Gambetta, préoccupé de donner à la résistance un caractère complètement national, proposa nettement à Clémenceau et à Testelin d'introduire dans la commission un général destiné à mettre dans la main de la résistance républicaine tout ou partie de l'armée.

La proposition était pratique.

Clémenceau et Testelin y acquiescèrent immédiatement.

Cet officier général était Farre.

Fort de l'appui de ses deux collègues, Gambetta
porta sa proposition devant le reste de la commission
des Dix-Huit, ou mieux devant les quinze.

Ce ne fut qu'une clameur épouvantée! — « Mais
vous nous faites sortir des limites de la résistance constitutionnelle! Vous nous perdez! »

Sur l'insistance de Gambetta et de Clémenceau, les
quinze durent délibérer deux ou trois fois; il n'y avait
nul moyen d'arriver à un vote ferme.

On se réunit une ou deux fois chez X... depuis 1879
un des premiers personnages de l'État, nous allions dire
le premier.

X... refusa.

Z... — qui se pose depuis longtemps en héritier
présomptif de X..., que la presse royaliste appelait
même le *dauphin rouge*, — imita X... : il refusa.

Un membre se fit remarquer par son adhésior courageuse, M. Bethmont, qui vota l'admission immé
du général. M. Bethmont avait d'autant plus de n éri.
à se séparer de X... que, jusqu'alors, il avait consta..n-
ment marché d'accord avec lui.

Mais c'est ici qu'il faut s'arrêter.

Tandis que X... Z..., et autres opinaient négative-
ment, mais comme à regret, un homme se leva qui laissa
échapper sa bruyante indignation contre Gambetta :

« La proposition de Gambetta était, disait cet
« homme, une dangereuse imprudence; Gambetta
« voulait introduire la politique dans l'armée! Cela
« tournerait contre la République! — Gambetta avait
« d'étranges illusions; depuis la guerre, il s'imaginait
« qu'il pouva se faire suivre des généraux! Or, il

« n'en avait pas un seul dans la main. Au premier
« coup de fusil, Farre et les militaires tourneraient,
« passeraient à la réaction et au complot ; ils lui
« mettraient la main au collet, à lui Gambetta ! »

La politique de la peur et de la lettre constitutionnelle l'emporta.

Il est des hommes que les partis pusillanimes ins-
pirent et entraînent toujours.

La commission des Dix-Huit vota solennellement à
bulletin ouvert, — et chacun dut motiver son vote.

Farre ne fut pas introduit.

La couardise triomphait.

L'homme qui avait fermé la porte au général était
Ferry, on le devine.

Le sourire de Buffet s'explique, n'est-ce pas ?

VII

Dufaure offre un portefeuille à Ferry en décembre 1877.
— Ferry, ministre de l'instruction publique en rem-
placement de Bardoux. — Ferry s'oppose à la mise
en accusation des hommes du 16 mai — et à l'am-
nistie des républicains du 18 mars. — Les votes de
Ferry du 11 mars 1879 au 21 août 1881. — La
politique anticléricale de Ferry. — L'article 7 et
les décrets du 27 mars 1880. — Le néant de cette
politique. — La légende du fondateur de l'instruc-
tion gratuite, laïque et obligatoire. — « L'école est
ma maison ! » — La vérité substituée à la légende.

Cette attitude de piteux personnage, — suffisamment
connue et commentée alors en bon lieu, malheureusement ignorée du pays républicain, — valut à Jules
Ferry un affront semi-public, véritablement mérité.

Dufaure, appelé par le maréchal de Mac-Mahon à
constituer un ministère, immédiatement après la retraite
du général de Rochebouët (12 décembre 1877), offrit
à Ferry le ministère du commerce.

Ferry, ministre de Dufaure et de Mac-Mahon ! Ceci
n'eût point mal figuré dans le tableau de cette logique
vie républicaine !

Ferry hésitait ; il se donnait à cette époque comme
très compétent dans les questions de douane. Dans ces

conditions, quoi de plus légitime que son acceptation ?

Quelques sévérités de collègues et amis lui firent cependant apercevoir que son ambition ne craignait point assez le scandale et était trop pressée.

Il remercia Dufaure, à leur grand et réciproque regret.

L'avènement de M. Grévy à la présidence et la formation du ministère Waddington (4 février 1879) lui permirent décemment, l'année suivante, de réaliser enfin sa pensée fixe: — tenir le pouvoir.

Tous, du moins presque tous les hommes du 4 septembre l'avaient occupé, même Jules Simon, successivement ministre de Thiers et ministre de Mac-Mahon.

Un ordre du jour de confiance, habilement présenté par Ferry, lui valut enfin le portefeuille tant désiré.

Ferry remplaça M. Bardoux au ministère de l'instruction publique et des cultes.

Pendant trois années, pendant toute la durée du ministère Waddington, pendant le premier ministère de Freycinet qui succéda au ministère Waddington (28 décembre 1879-23 septembre 1880), pendant le ministère dont il avait lui-même la présidence (23 septembre 1880-10 novembre 1881), c'est-à-dire pendant la seconde législature républicaine presque tout entière, Ferry resta au pouvoir et détint ce portefeuille.

Voyons ce qu'il a fait comme ministre spécial, — puis comme ministre dirigeant.

Désormais les chefs du parti républicain vainqueur étaient au pouvoir; les hommes qui avaient fait appel à toutes les forces vives de la démocratie, pour résister aux conspirateurs cléricaux du 16 mai, pouvaient maintenant commencer la réalisation des réformes sans les-

quelles le gouvernement républicain est une chose sans
nom, — quelque chose comme un temple à frontispice
honnête et glorieux avec statues sacrées aux portes,
prospectus moral distribué sur les marches, — où le
fidèle ne trouverait à l'intérieur qu'une maison publique
avec sa matrone à boniment et ses drôlesses malsaines.

Laissons de côté Gambetta et l'influence néfaste
qu'il a eue sur l'orientation du parti républicain à ce
moment décisif.

Nous ne feuilletons que l'histoire de Ferry.

Ferry fut, dès le début, de ceux pour qui toute la
doctrine républicaine se résume en ceci : prendre la
place des royalistes, et sous le prétexte profond d'habi-
tuer le pays à la République, — que le pays venait lui-
même de cimenter à pierre et à chaux le 14 octobre, —
gouverner exactement avec la même tactique et les
mêmes moyens que les royalistes.

Plus qu'un autre, on vit Ferry pousser à la formation
du personnel opportuniste.

Pour barrer la route aux réformistes, aux fidèles du
programme démocratique, les rangs furent ouverts ; on
vit s'y précipiter pêle-mêle la clientèle hétéroclite de
feu M. Thiers, les bonapartistes à poches vides, les orléanistes honteux, les plumitifs qui volent aux auges
pleines, les mac-mahoniens dégoûtés des coups ratés,
les porte-épée en gestation de guerre civile ou étrangère, les politiciens du clergé national. Avec de tels
agissements et de tels agents tout danger de réforme
devait être rapidement conjuré.

En peu de mois, le grand courant du 14 octobre était
détourné, endigué, perdu.

Il ne restait plus qu'à rassurer par un acte public les gens du 16 mai, en donnant de sérieux gages au parti conservateur.

Deux questions capitales et pressantes s'imposaient dont la solution républicaine ne laissait pas de place à l'hésitation.

L'amnistie des démocrates du 18 mars;

La mise en accusation des factieux du 16 mai.

Deux et même trois républicains parlementaires plus ou moins en vedette avaient le grand devoir d'aborder ces questions : Gambetta et Ferry qui avaient prononcé le lendemain du 16 mai des discours où de solennelles promesses de justice nationale avaient été gravement faites; Brisson qui avait rédigé le rapport d'enquête sur le complot politique et militaire.

Ils conclurent de la façon qu'on sait.

Le cas de Ferry n'était pas moins étrange que celui des deux autres.

Ferry, renchérissant sur Gambetta, avait cru indispensable de monter à la tribune, le 18 juin 1877, le lendemain même du renvoi de Jules Simon, et de jeter à MM. de Broglie et de Fourtou cette rodomontade en guise de péroraison :

« Nous reviendrons ici et nous ne nous contenterons plus d'annuler les élections frauduleuses ; nous saurons montrer aux fonctionnaires de tout ordre, si haut placés qu'ils soient, qu'il y a des juges en France. Nous leur rappellerons que le gouvernement du 4 septembre a supprimé l'article 75 de la Constitution de l'an VIII. Vous l'avez oublié, monsieur de Fourtou !

« Eh bien ! que cela soit ma dernière parole ! A vous

tous, artisans de la candidature officielle, ministres, préfets, juges de paix, nous donnons cet avertissement solennel : c'est qu'il y a des responsabilités civiles et correctionnelles inscrites dans nos lois, responsabilités que nous saurons invoquer ! »

Comme sanction à ces paroles, le 11 mars 1879, le premier vote du ministre Ferry était un vote d'absolution pour les royalistes ; il repoussait la mise en accusation des hommes du 16 mai.

Disons de suite que, dans la seconde de ces questions capitales, dans la question de l'amnistie plénière pour les républicains du 18 mars, nul ne se montra plus publiquement hostile que Ferry.

C'était encore là une manière de donner de sérieux gages aux conspirateurs du 16 mai et du parti conservateur.

Oui, quand Gambetta acculé dans Paris, en province, par les candidatures dites illégales de Alphonse Humbert, de Blanqui, de Trinquet, sentait qu'il ne pouvait plus échapper à l'amnistie, Ferry résistait encore.

L'attitude de Ferry finit par faire scandale.

« Une question personnelle se mêle pour vous au souvenir de la Commune, écrivait Camille Pelletan à Ferry dans *la Justice* qui venait de se fonder ; c'est à de pareilles situations qu'on éprouve les hommes. Il y en a que leurs griefs intimes rendent implacables, il y en a d'autres qui oublient précisément parce qu'ils veulent éviter jusqu'à l'apparence d'une rancune personnelle. Vous êtes maître (ou du moins vous l'étiez) de vous ranger avec ceux-ci ou avec ceux-là.

« Tenez-vous à rester dans les seconds? »

Si Ferry tenait à rester dans le camp de Dufaure !

Mais, avec Dufaure, les républicains du 18 mars n'ont pas eu de plus haineux ennemi que Ferry ! Dufaure aima Ferry pour cette haine.

Les républicains de Paris n'ont pas oublié que si l'amnistie a été arrachée aux opportunistes seulement le 14 juillet 1880, c'est en grande partie à l'ex-maire de Paris qu'en remonte la responsabilité.

Maintenant, — et avant de nous arrêter à la fameuse politique anticléricale des décrets, à la prétendue fondation de l'enseignement gratuit, laïque et obligatoire, et à la politique coloniale d'abord engagée par l'occupation de la Tunisie, que Ferry revendique comme son triple titre à la reconnaissance nationale, — avant de parler du ministre dirigeant, — voyons rapidement ses simples votes pendant cette législature : ils en diront plus que les plus âpres commentaires.

Le 11 mars 1879, Ferry a donc voté *contre* la mise en accusation des hommes du 16 mai ;

Le 28 janvier 1880, Ferry vote *contre* la liberté d'association ;

Le 29 janvier 1880, *contre* la liberté de réunion ;

Le 5 juillet 1880, *contre* la suppression de l'ambassade du pape ;

Le 17 novembre 1880, *contre* la suppression de l'inamovibilité de la magistrature ;

Le 19 novembre 1880, *contre* la magistrature élective ;

Le 28 janvier 1881, *contre* la liberté de la presse ;

Le 8 février 1881, *contre* le divorce, lui qui le réclamait en 1865 dans les conférences juridiques d'Accolas ;

Le 19 mai 1881, *contre* les poursuites réclamées contre le préfet de police Andrieux, relativement au respect de la liberté individuelle ;

Le 28 mai 1881, *contre* l'obligation du service militaire pour les séminaristes ;

Le 31 mai 1881, *contre* la révision de la Constitution de 1875 ;

Le 17 juin 1881, *contre* le service militaire de trois ans et la suppression du volontariat ;

Le 23 juin 1881, *contre* la séparation des Églises et de l'État ;

Le 25 juin 1881, *contre* la suppression des bourses de séminaires.

Oui, le politicien qui, en entrant au ministère Waddington, le 4 février 1879, se posait déjà comme le champion de l'État laïque contre les agents en soutane et en mitre affiliés à la conspiration du 16 mai, — ce même politicien vote pour l'exemption du service militaire des séminaristes, contre la suppression des bourses des séminaires ! Il faut bien soudoyer la milice cléricale et l'exempter de l'impôt national du sang pour qu'elle puisse à l'aise marcher contre la société laïque !

La transition est toute naturelle pour venir à la politique dirigeante de Ferry, aux conceptions maîtresses de son action publique.

Un mot des décrets du 27 mars 1880.

Ferry prétendait devant la Chambre et devant le Sénat défendre la société laïque ; dans son projet de loi sur l'enseignement, il avait inscrit l'article suivant, le fameux article 7 : « Nul, disait cet article, n'est admis à participer à l'enseignement public ou libre, ni à diriger un établissement d'enseignement de quelque ordre que ce soit, s'il appartient à une congrégation religieuse non autorisée. »

L'article 7, très soutenu par Paul Bert à la Chambre et dans les réunions publiques, (on se souvient du toast d'Auxerre : Bert buvant à l'inventeur du sulfure de carbone et à l'initiateur de l'article 7, deux insecticides du phylloxera et du cléricalisme), mollement soutenu par Freycinet au Luxembourg, était repoussé par le Sénat.

Le 27 mars 1880, Ferry et ses collègues du cabinet faisaient signer les décrets.

Qu'étaient ces décrets ?

Le premier donnait un délai de trois mois « à l'agrégation ou association non autorisée, dite de Jésus, pour se dissoudre et évacuer les établissements qu'elle occupait sur la surface du territoire de la République. »

Le second décret mettait en demeure toutes les congrégations non autorisées de produire leurs statuts et de demander la reconnaissance légale dans le même délai.

Nous avons assisté à l'exécution des décrets. Nous avons tous vu ces mises en scène grotesques où l'on ne saurait dire qui l'emportait en ridicule de ces commissaires de police stylés aux bonnes manières, bataillant, mains gantées, avec les jeunes cent-gardes laïque des religieux,—ou de ces religieux eux-mêmes donnant la carnavalesque parade du martyre, citant les Pères historiens des persécutions de Néron, promenant en grande pompes professionnelle les espèces eucharistiques.

N'était-ce pas là un bien misérable spectacle !

Freycinet ayant paru blâmer les décrets, le 30 juillet 1880, au banquet de Mautauban, pendant les vacances parlementaires, Gambetta « fit méchamment jouer la trappe mystérieuse et Freycinet s'effondra comme une marionnette ministérielle. »

Ferry, l'auteur de l'article 7, allait recevoir la couronne que lui valait sa politique d'instruction publique.

Comme président du Conseil, *persona* plus ou moins *grata* de Gambetta, il était appelé à achever d'appliquer les décrets (23 septembre 1880).

On se souvient encore des rixes sanglantes de Lyon, des préparatifs belliqueux de Charette à Cholet. A Tarascon, la force publique fit, durant plusieurs jours, le siège comique d'un couvent. Tartarin devenu ferryste donnait le signal de l'attaque, allait chercher le serrurier (octobre et novembre 1880)...

Scènes et politique indignes d'une démocratie maîtresse d'elle-même, consciente de sa force et de son droit !

De toute cette bagarre qu'est-il advenu ? quels résultats ont donné les décrets pour la solution du problème républicain de la mise de l'Église hors l'État ?

Ferry, dans son discours d'Épinal en juin 1881, a osé dire : « A cette heure, *après avoir repris au cléricalisme le terrain qu'il avait usurpé*, nous avons nettement marqué la frontière de la politique anticléricale qui est la nôtre et de la politique antireligieuse que nous répudions. »

C'est là un mensonge de parade et d'estrade comme ceux dont Ferry est coutumier.

Les établissements des jésuites se sont rouverts. L'enseignement catholique est plus vivace que jamais.

Le plus clair résultat de l'aventure est le plaisant récit de M. Andrieux dans ses récents *Souvenirs*.

A dire vrai, les décrets ne méritent pas un autre historien.

Venons à la grande légende, la légende de la fondation de l'instruction laïque et obligatoire en France par Ferry.

Ferry qui s'en allait naguère à Lyon, à Bordeaux, pontifiant devant des assemblées triées, haranguant les petits garçons, baisant les petites filles enrubannées qui lui apportaient des bouquets, faisant la roue, frisant lui-même son panache, répétant à tout venant : « Je reçois vos félicitations sans fausse modestie : je ne le nierai pas : *l'école laïque est ma maison!* » C'est ce même Ferry que nous allons voir faisant à la cause de la laïcisation, soit au Sénat, soit à la Chambre, l'opposition tout ensemble la plus publique et la plus hypocrite qui fût jamais.

Le problème de l'instruction populaire a été nettement posé par nos grands révolutionnaires de 89 et de 93. Mirabeau, Lepelletier, Sieyès, Grégoire, Talleyrand, Danton, Daunou, Lanthenas, Ducos, Lakanal, Robespierre, Condorcet surtout en ont successivement fixé les termes pratiques avec un sens démocratique vivifié par l'amour de l'égalité et par la libre philosophie du dix-huitième siècle.

La loi de 1833 avait essayé de ramener l'attention publique sur cette institution vraiment organique d'une société; mais les préoccupations de la bourgeoisie orléaniste et plus tard les tendances cléricales du second empire avaient frappé de stérilité cet essai de réforme.

En 1871, après nos désastres, il n'y eut qu'un cri pour réclamer l'instruction primaire, laïque, gratuite et obligatoire, selon la formule complète.

C'était un vieil article du programme de 89 et de 69 qui réapparaissait.

Comment les vainqueurs du 14 octobre allaient-ils le réaliser ?

Comment Ferry allait-il formuler en texte de loi les volontés populaires ?

Il ne s'agit pas ici de disputer sur de vagues souvenirs ou des affirmations oratoires ; pour répondre aux prétentions de Ferry, il n'y a qu'à se reporter aux débats du Parlement eux-mêmes.

La loi d'enseignement laïque a été proposée pour la première fois à la Chambre des Députés de 1876 par l'extrême gauche.

C'est Barodet qui, le 19 mars 1877, a déposé ce projet de loi.

Réélu le 14 octobre, Barodet et ses amis de l'extrême gauche, de concert avec M. Paul Bert (car nous ne ferons nulle omission injuste), reprirent en main la cause de l'instruction laïque et le projet de loi dont ils avaient eu l'initiative.

C'est sur le dépôt de ce projet de loi que la Chambre constitua une grande commission dont Paul Bert fut nommé rapporteur.

Ferry occupait le ministère de l'instruction publique : il trouva la loi toute prête.

Il en vola l'honneur.

Loin de défendre la laïcisation, il en fut l'adversaire le plus systématique et, — répétons-le, — le plus hypocrite.

Lisez et jugez :

Le jeudi 23 décembre 1880, Barodet présente, à la Chambre des Députés, l'amendement suivant :

« L'instruction religieuse, laissée au libre choix des parents et aux soins des ministres des différents cultes, ne sera plus donnée dans les écoles primaires publiques élémentaires ou supérieures, ni dans les écoles normales. Elle sera facultative dans les écoles privées. »

C'était bien là la séparation de l'Église et de l'École.

Voyons le scrutin au *Journal officiel*.

L'amendement de Barodet est repoussé par 286 voix contre 164.

Au nombre des 286 députés qui repoussent la séparation, on lit : Jules Ferry — aux côtés de l'évêque Freppel et du comte de Mun.

Puis, complétant son vote au cours de cette même séance, Ferry, « ce fondateur de la laïcité, » propose cet amendement contraire :

« L'instruction religieuse sera donnée en dehors des heures de classes, aux enfants des écoles primaires publiques, par les ministres des différents cultes, conformément au vœu exprimé par les familles.

« Le conseil départemental pourra, sur l'avis des conseils municipaux, autoriser les ministres du culte, qui en feront la demande, à donner l'instruction religieuse dans les locaux scolaires. »

Ferry rendait l'école au curé !

Il vota son amendement, toujours encadré des deux larrons Freppel et de Mun.

Cette attitude du ministre Ferry eut pour résultat de mettre la Chambre, la majorité des 363, dans une incertitude telle, que la fameuse loi d'instruction laïque, gratuite et obligatoire « devenait tout simplement une loi d'instruction obligatoire et gratuite ; » ainsi mutilée, la droite elle-même acceptait la réforme et pouvait la voter des deux mains.

Quand Ferry dit qu'il a chassé le prêtre de l'école, il ment aussi impudemment que lorsqu'il disait avoir chassé les Chinois du Tonkin ; ce qu'il a chassé de l'école, ce n'est pas le prêtre, c'est la laïcité elle-même.

Nous n'en voulons pour preuve que ce qui se passe dans des milliers d'écoles rurales à l'heure présente ; et si nos affirmations sont récusées par le cynique marchand de paroles qui prétendait à Lyon que « neuf fois sur dix, on travestissait sa pensée et ses actes, » — nous renverrons le lecteur à Paul Bert lui-même, commentateur autorisé, s'il en fut, des amendements de Ferry et de la loi que Ferry a châtrée de toute libre pensée !

Voici ce que disait Paul Bert dans son discours de décembre 1880 et dans l'article du *Voltaire* où il interprétait le vote de la loi de Ferry, article intitulé : — *la Réaction dans l'enseignement public :*

« C'est dans l'enseignement primaire que celle-ci (la réaction) se montre en son plein.

« Non, dans le domaine des programmes, au moins directement. Car nous avons eu la précaution, à la

Chambre, d'inscrire le programme dans la loi même, à l'abri des routines administratives et universitaires. Que serait-il advenu, si, comme le voulait le gouvernement, nous n'eussions pas mis au nombre des dispositions impératives la suppression du catéchisme, la création de l'enseignement moral et civique ?

« Mais, si l'on n'a pu supprimer directement, on a su éluder la loi. Le travail manuel, par exemple, est resté dans la lettre du programme, à l'état purement platonique ; il n'y a peut-être pas cent écoles en France où l'on s'en occupe. L'École normale spéciale, qui avait été créée pour en former les professeurs, a été supprimée, ainsi que le diplôme qu'on leur conférait.

« *L'enseignement religieux, dont la radiation avait nécessité des discussions si longues, si passionnées, est encore donné, malgré la loi, dans des milliers d'écoles de campagne.* Il n'est sorte de subterfuges dont n'ait usé, pour tourner la loi, l'autorité chargée d'en surveiller l'application ; quelquefois l'instituteur est complice ; le plus souvent, il a fallu lui donner des ordres. »

Ceci était dit et écrit dans les derniers jours de 1880, rien n'est changé.

Notons encore ces quelques mots de Paul Bert :

« Les lois relatives à l'enseignement technique sont aussi des lois d'émancipation ; apprendre dès l'école primaire au fils de l'ouvrier le travail du fer et du bois, c'est le mettre en état, quand il arrive à l'âge d'homme, de choisir sa profession en connaissance de cause ; c'est lui fournir le moyen d'échapper à cette spécialisation à outrance qui rabaisse et asservit l'ouvrier. »

Or, cet enseignement même du travail manuel, on

s'occupe seulement aujourd'hui de l'organiser sur le modèle des écoles spéciales instituées par le conseil municipal de Paris.

Le dernier mot de Paul Bert montre les résultats déplorables de l'attitude du ministre Ferry :

« La conséquence, c'est qu'on a découragé les maîtres de la jeunesse, dit-il.

« Le résultat, c'est qu'on a perdu plusieurs années, pendant lesquelles on aurait pu former plusieurs générations de citoyens connaissant leurs droits et leurs devoirs.

« La conclusion, c'est qu'il faut sortir de cette dérive, voter enfin la laïcité du personnel et faire que la neutralité du programme ne soit pas un leurre, l'obligation un vain mot, la gratuité un impôt prélevé sur l'instituteur. »

Pour en finir avec cette légende menteuse, sautons deux années, venons en mars 1882, — car il avait fallu (ô beauté du parlementarisme!) deux ans pour que la loi vînt devant le Sénat.

Ferry est de nouveau ministre de l'instruction publique ; il fait partie du second ministère Freycinet (1er février 1882 - 30 juillet 1882).

Comment défend-il la loi au Luxembourg?

Il n'est pas de compromis, d'indécisions, de contradictions et d'équivoques auxquels Ferry, pendant cette discussion (juin 1882), ne se laisse aller pour répondre aux principaux orateurs de la droite, MM. Waddington, Jules Simon et de Broglie.

Voici l'amendement présenté par M. Waddington sur la laïcité, et accepté par Ferry ; c'est avec un peu plus d'ambiguïté et d'hypocrisie l'amendement présenté par Ferry lui-même et que nous citions plus haut :

« Sur la demande des parents, le conseil départemental pourra *autoriser les ministres des différents cultes ou leurs délégués à donner l'instruction religieuse dans les locaux scolaires* le dimanche, les autres jours de vacances et une fois par semaine à l'issue de la classe du soir.

« Cette autorisation ne sera donnée par le conseil départemental que dans le cas où les enfants ne pourraient pas, sans inconvénients, être réunis dans les édifices religieux.

« Elle pourra toujours être retirée par le conseil départemental. »

Si l'on regarde loyalement ce texte, il appert nettement que l'enseignement religieux est donné à l'école par le curé comme auparavant, parce qu'il n'y a pas de commune où il ne soit trop facile de trouver des parents stylés par le prêtre et prêts à faire la demande exigée ; parce que le curé saura bien, pour une raison ou une autre, alléguer qu'il y a impossibilité de réunir les enfants dans l'édifice religieux.

En un mot, Ferry met l'application du statut de laïcité entre les mains du parti clérical.

Adrien Hébrard, le directeur du *Temps*, soulignait de son approbation ce caractère indéniable de la loi quand il écrivait, en rappelant que Ferry avait été le plus ardent à s'opposer que l'enfant devînt « un petit philosophe » :

« Il n'y a, pour l'heure, nous le savons, aucune crainte de cette nature à concevoir ajoutait-il. *Ce ne sont pas les ministres actuels*, M. de Broglie l'a reconnu lui-même en s'abstenant de toute attaque contre la personne et les tendances de M. Jules Ferry, qui donneront à l'instruction morale et civique un caractère autre que celui indiqué par le bon sens et le véritable souci de la liberté de conscience. » (*Temps* du 2 juin 1882.)

Adrien Hébrard avait raison ; on n'assure pas la liberté de conscience en faisant de petits philosophes, mais en continuant à faire, comme devant, de petits cléricaux.

La vérité, — c'est qu'on ne pouvait pas faire moins que Ferry n'a fait. C'est qu'en dehors de l'augmentation du budget de l'instruction publique, de la gratuité, en dehors de la création des caisses des lycées et des écoles, — laissées à sec aujourd'hui d'ailleurs, grâce aux folies coloniales de Ferry, — la réforme d'instruction publique a été un quasi-avortement. Les résultats ne sont pas en rapport avec les dépenses. La réorganisation prétendue du conseil de l'instruction publique n'a été qu'un trompe-l'œil ; il est aussi chimérique de vouloir réformer l'Université par les universitaires que la magistrature par les magistrats.

Rien ne sera possible tant que les grandes communes ne joueront pas le principal rôle dans la réforme de l'enseignement.

La preuve a été faite par Ferry lui-même (1).

---

(1) Une preuve ministérielle. — Nous renvoyons le lecteur à la circulaire de Jules Ferry en date du 27 février 1879, absolument hostile, celle-là, à la laïcisation des écoles primaires.

Un exemple parisien. — En décembre 1879, le conseil municipal de Paris avait supprimé les crédits affectés au traitement

Vienne un gouvernement aux mains de républicains comme Jules Simon, ou d'antirépublicains comme M. de Fourtou, qui relevait hier la tête au cours de la période électorale, pour jeter au parti républicain de violentes menaces, et la liberté de conscience sera bien défendue par les conseils départementaux !

Mais qu'importe à Ferry !

Et voilà l'homme qui disait encore, à Épinal, en juin 1881, — avant même que la loi de fausse laïcisation fût votée ! — en faisant l'apologie de sa politique :

« Est-ce que la politique modérée s'est rencontrée réfractaire à cette grande réforme, la plus grande de toutes assurément, la réforme de l'éducation ? Est-ce qu'elle a marchandé son concours ? Et si vous possédez dans quelques jours la trilogie à laquelle depuis longtemps l'instinct républicain s'est confié *(sic) :* obligation,

---

des aumôniers attachés aux écoles municipales primaires supérieures. Le préfet, après longues hésitations, en référa au ministre, à M. Ferry lui-même. Que répond enfin le ministre le... 3 mai 1880 :

« La publication du programme de ces écoles (programme où figure l'enseignement religieux) constitue *une sorte de contrat entre les familles et l'administration,* et cette dernière ne saurait le modifier de sa propre autorité sans s'exposer à de justes revendications de la part des parents... »

Or, les écoles primaires supérieures n'étaient à cette époque et depuis la loi de 1850, régies par aucune loi relative à ce mode d'enseignement municipal.

Et par extension, arbitrairement, M. Ferry appliquait aux écoles Turgot et autres la loi Falloux !

La commission d'instruction publique protesta vivement, mais vainement, et son rapporteur, A. Hovelacque, n'a pu que faire ressortir, avec toute la précision de son ferme talent, l'hypocrisie de la lettre et de la politique de Ferry.

gratuité, laïcité de l'enseignement, — à qui le devez-vous, sinon à la politique modérée ?

Le lecteur a les textes légaux mêmes de Ferry sous les yeux ; il peut juger.

Nous avons vu à quels résultats a abouti la politique des décrets ; nous avons montré le mensonge de la réforme de l'enseignement ; il nous reste à poursuivre pendant les élections d'août 1881, et pendant la législature jusqu'en 1885, l'examen de la politique organique et surtout l'examen de la politique coloniale de Ferry : c'est, à proprement parler, l'histoire de ses trois ministères: celui du 23 septembre 1880 où nous l'avons déjà vu à l'œuvre, celui du 1er février au 30 juillet 1882, du dernier enfin du 21 février 1883 au 30 mars 1885.

Mais auparavant, une courte digression.

VIII

Dans les Vosges. — Le fief des Ferry. — La République dans les départements. — Les tyranneaux d'arrondissement. — Les terroristes de clocher. — A Foucharupt. — Charles Ferry, Albert Ferry et cæteri.

C'est dans les Vosges que nous voudrions faire cette digression voyageuse avec le lecteur — pour y voir comment Jules Ferry, Charles Ferry, d'autres Ferry homonymes et non parents, ont, parmi les électeurs de ce beau département, dévoyé les uns, terrorisé les autres, en octobre dernier.

A Paris, où la préfecture de police systématiquement lancée contre un citoyen ou contre un groupe politique peut cependant arriver à créer une situation inacceptable au point de vue de la liberté individuelle et de l'exercice des droits les plus respectables, — (les collisions qui surgissent dans presque tous les enterrements de démocrates connus en sont un exemple,) — on n'a pas une idée nette de l'état d'oppression, de terreur même, qu'un homme politique puissant, servi par une docile camarilla de parents et de clients, peut faire régner dans un village, dans un canton, une petite ville, un département même.

Il est des dénis de justice, des petites cruautés, des vengeances personnelles, dans Paris impossibles, qui dans les campagnes, au contraire, loin des yeux de l'opinion et de la presse, sont perpétrés sans éclat et sans châtiment.

La plainte s'éteint, sans écho, dans le silence des champs ou des rues désertes, au milieu de l'indifférence des uns, de la complicité des autres, de la peur du plus grand nombre.

Comme alors on peut frapper à l'aise l'humble, le petit qui n'a point montré d'empressement, qui a résisté, qui a critiqué !

Si le malheureux se redresse par aventure, c'est fait de lui : tous les basiles du lieu, éternelle clientèle du maître du jour, se liguent pour la calomnie ; la gent cléricale, le curé en tête, est là qui guette pour jeter sa pierre hypocrite ; la magistrature debout et assise, docile servante du pouvoir, intervient enfin avec ses arrêts et ses services, et donne le dernier coup.

Désormais tout est fini : le martyre du petit est consommé.

Sans doute, cela est de la petite histoire ; *paulo minora canamus !* Mais c'est de l'histoire, et souvent bien triste, puisqu'il y va de la liberté, de l'honneur, du gagne-pain des faibles.

Eh bien ! les Ferry ont cruellement abusé, dans les Vosges, du pouvoir politique que détenait ici le plus âpre et le plus violent d'entre eux.

Les Ferry ont fait des Vosges une Corse continentale.

Voyons-les à l'œuvre ! Voyons-les avant, pendant et après les élections municipales et législatives de 1881 à 1885 !

C'est tout ce que l'esprit de partialité, d'arbitraire, même de rancune mauvaise, de vengeance peut suggérer, qu'à chaque pas on heurte du pied.

Pour croire encore à la République, après avoir subi quinze années de ferrysme, il faut vraiment que les Vosgiens aient l'âme républicaine chevillée dans le corps.

Le premier point pour nos petits féodaux de chefs-lieux d'arrondissements, de villages et de sous-préfectures, est d'envahir les maisons-communes, les conseils municipaux, les mairies.

Pour y parvenir, les menaces, les intrigues, les promesses vont grand jeu : malheur à qui se met en travers !

Une fois cantonnés là, on devine ce qu'ils y vont faire.

A tout seigneur, tout honneur !

Voici Cadet d'abord, — je veux dire Charles Ferry, — un grand diable osseux, dégingandé, de même poil et de même envergure que l'aîné.

Ancien employé dans la banque Donon, Aubry, Gratin et Cie, de 1856 à 1858, ancien marchand de faïences et porcelaines, présentement banquier, administrateur de la Banque Franco-Égyptienne.

C'est le manieur d'argent de la famille.

Pendant le siége de Paris, Charles Ferry allait aux nouvelles et faisait les courses de la mairie.

En février 1871, il tripotait l'élection fraternelle, se faisait huer à la réunion des délégués républicains d'Épinal, en proposant le héros du siége ; mais, sans se rebuter, portait les cartes cornées à domicile, donnait les coups de chapeau, faisait les visites, intrigaillait dans les réunions cléricales avec ce bagout patoisant usité dans la maison.

Jules l'en récompensa par une préfecture octroyée par Thiers, rendue par Grévy.

Eugène Spuller ne faisait-il pas de même pour son frère ?

C'était déjà une manière de personnage que Charles Ferry, — frère de Jules : — que fut-ce donc quand il devint gendre d'Allain-Targé, lequel était gendre de Villemain ?

La place d'un tel homme était marquée au Parlement.

Elle lui fut faite.

Le 21 août 1881, on créa pour ce frère la seconde circonscription de l'arrondissement d'Épinal.

Charles Ferry aurait préféré la seconde circonscription de Saint-Dié, Jules occupant là déjà la première.

Touchant hommage rendu par les frères Ferry à la ville natale ! Malheureusement la deuxième circonscription de Saint-Dié était promise à un autre Ferry.

Charles Ferry n'eût jamais été nommé à Épinal sans la significative intrigue qui amena le désistement de son concurrent.

Un étrange épisode que cette manœuvre électorale, et qui figurerait avantageusement dans une nouvelle édition de la brochure de Jules Ferry... de 1863 !

Le concurrent de Charles Ferry était un papetier de Docelles, M. Boucher, dit Bouchère.

M. Boucher, dit Bouchère, était engagé dans une grosse affaire, une râperie de bois pour papier, dans la vallée de Granges.

La râperie était, avec une demi-douzaine d'autres petites usines, placée sur la Vologne, petit affluent de la Moselle.

La Vologne sort des lacs charmants de la vallée de Granges, ces lacs entourés de montagnes qui font de ce coin des Vosges, où abondent cependant les sites admirables, un pays particulièrement renommé, une vraie petite Suisse française. Qui a vu ces lacs de Gérardmer, de Longemer et de Retournemer, ne saurait les oublier ! Les voyageurs s'y arrêtent ; les habitants de l'Est entier y font villégiature ; les étrangers y abondent. Il semble que ces rives gracieuses et verdoyantes aient même, par leur simple tableau, une action heureuse : nombre de médecins parisiens envoient aux lacs des Vosges leurs névrotiques et leurs anémiques, Charcot entre autres. Bref, douze à quinze mille étrangers viennent là pendant la belle saison. C'est une source respectable de rapports pour la population du canton.

Jules Ferry et Méline promirent tout simplement à M. Boucher, dit Bouchère, de lui faire concéder le droit d'endiguement des lacs en échange de son désistement en faveur de Charles.

Désormais les eaux de la Vologne étaient assurées à la râperie pour papier et au syndicat des usiniers — dont la bourse ne serait plus à sec pendant la saison sèche.

M. Boucher, dit Bouchère, était sûr de son élection.

Charles Ferry était peu sympathique au pays, personnellement encore plus inconnu que son aîné; à peine l'avait-on vu, deux ou trois fois avant 1870, au bras du cousin Hercule Ferry.

M. Boucher-Bouchère entendit en se retirant que l'affaire, en style d'usinier, marchât rondement.

Il avait la parole du président du Conseil, il avait la parole de Méline : il part aussitôt pour Paris ; en homme de tête, ramène des entrepreneurs, commence les travaux ! C'était un esprit pratique, comme on voit. Mais, en matière électorale surtout, mieux vaut tenir que courir.

Cependant le syndicat de MM. les usiniers avait compté sans les Vosgiens du canton !

Au premier coup de pioche, ce ne fut qu'un cri d'indignation dans toute la vallée de la haute Vologne: le canton de Gérardmer se leva comme un seul homme. Le préfet effrayé crut à une émeute. Partout ce n'était qu'un commentaire indigné contre tant de cupide audace. Le projet était insensé : pour l'exécuter, il fallait faire des routes d'une utilité problématique, acheter des terrains, exproprier, payer des indemnités aux riverains, bref, dépenser plus que ne valaient réunies la demi-douzaine d'usines qui se servent des eaux de la Vologne. Qu'importait à Méline, à Jules Ferry, et surtout à Charles Ferry ?

Le conseil municipal de Gérardmer protesta, écrivit à Paris, pétitionna.

Méline faisait la sourde oreille.

Il fallut l'intervention personnelle de Jules Grévy, — vous avez bien lu, — du président de la République lui-même, pour faire cesser ces tripotages industriels et électoraux.

Devant tout ce bruit, Jules Ferry lui-même prit peur. Sans Gérardmer, plus de, Jules Ferry député, plus de Charles Ferry, plus d'Albert Ferry : tous pouvaient bien faire un plongeon dans les lacs.

L'endiguement fut mis de côté; le reprendra-t-on ?

En attendant, on assure que, depuis 1881, Jules et Charles brûlent Gérardmer dans leurs étapes vosgiennes : ils n'aiment pas passer par là.

Encore un mot sur l'entrée de Ferry cadet dans la vie parlementaire qui devait lui être si courte.

C'est lui qui, dans ses discours électoraux de 1881, prononçait cette phrase inoubliable : « Que parle-t-on de séparation de l'État et de l'Église ! Depuis longtemps l'Église est séparée de l'État, leurs domaines sont parfaitement distincts, — seulement ils ont fait un traité de paix qui s'appelle le Concordat (sic). » Il faut avoir vendu de la porcelaine et manié jusqu'à son âge mûr le carnet des ordres de bourse pour trouver des axiomes politiques de cette force !

L'élection de M. Albert Ferry n'est pas moins instructive.

M. Albert Ferry n'est pas parent de Ferry, c'est un simple homonyme.

M. Albert Ferry était, en 1870, avocat au barreau de

Saint-Dié, très suspect de sympathies impériales. En février 1871, il était candidat républicain à Épinal. En 1881, il était candidat encore républicain, mais il ne tenait pas rigueur à ses anciens amis les bonapartistes : le secrétaire de son comité électoral était un M. Géhin qui, conseiller général en 1870, envoyait à ses électeurs, à propos du procès policier de Blois et du plébiscite, — deux opérations napoléoniennes mêlées, — cette chaude circulaire en faveur du *oui* plébiscitaire. Nous la donnons ci-dessous : c'est un document que l'on retrouve fréquemment dans le dossier du parfait opportuniste (1).

Depuis 1871, M. Albert Ferry, que les républicains du département opposaient en 1871 à Jules Ferry, avait

---

(1)   Monsieur et cher concitoyen,

La Providence vient encore de sauver l'Empereur.

Un complot tramé contre lui a été découvert samedi.

Les instigateurs de ce complot paraissent être Ledru-Rollin et Gustave Flourens, les rédacteurs des journaux *le Rappel* et *la Marseillaise*.

Voulez-vous adhérer à leur politique ?

Votez NON ou abstenez-vous.

Voulez-vous la LIBERTÉ ?

Votez OUI, votez pour l'Empereur.

Dimanche prochain, ce n'est plus une question de lutte électorale, il ne doit plus y avoir de divergence dans les opinions, *c'est la lutte de la liberté contre la révolution armée et la licence.* — C'est pour cela que nous voterons OUI.

Je vous demande votre concours loyal; vous ne me le refuserez pas, j'en suis convaincu.

Croyez, mon cher concitoyen, à l'expression de mes meilleurs sentiments.

GÉHIN,
Membre du conseil général.

Saales, le 2 mai 1870.
(*Saint-Dié, typ. Mancotel et G. Dufays.*)

flairé le vent. Il s'était fait le porte-queue du politicien de l'Assemblée de Versailles, le chasse-mouches du conquérant tunisien. Il jouait de son homonymie comme d'une parenté. Il avait ambitionné d'entrer à la maison de ville : il y siégeait comme conseiller.

En janvier 1881, au renouvellement des conseils municipaux, dans une réunion publique à Saint-Dié, il s'était même fait siffler des républicains en proférant cette incroyable boutade : « Ah! messieurs, je suis tout le premier partisan *(sic)* des candidatures ouvrières ; mais où trouverez-vous des ouvriers assez intelligents pour vous représenter et quelle figure feront-ils au Conseil en y venant *en tablier ?* »

On juge du républicain et de l'orateur ! M. Albert Ferry qui se déclare le *tout premier* partisan de... candidatures ouvrières faisait dès 1877 son petit Gambetta vis-à-vis des 363 : il les appelait aussi des sous-vétérinaires ; — mais l'on a gardé souvenir à Saint-Dié d'une autre de ses duretés contre la Chambre du 14 octobre: il traitait ses futurs collègues de *tas de médiocrités!*

Nous ne sachons pas qu'il y ait quelque chose de plus scandaleux que les deux élections législative et municipale de M. Albert Ferry, en 1881 et en 1884.

En août 1881, les républicains de la seconde circonscription de Saint-Dié avaient fait choix, comme candidat, d'un officier supérieur républicain, le commandant d'artillerie Rovel, un Vosgien de Senones, attaché à l'état-major général du ministre de la guerre Farre. Rovel était un vaillant et savant soldat, doublé d'un citoyen comme il y en a plus d'un dans les cadres de notre armée où, il est vrai, les Gallifet et autres ne leur

font ni la vie douce ni la pente de l'avancement facile;
il avait fait les campagnes de Crimée, de Syrie, d'Algérie saharienne ; il avait été professeur à l'école de
Metz ; prisonnier à l'armée de Metz, il avait pu s'évader
de Magdebourg, revenir combattre en France : Gambetta lui avait confié le commandement de l'artillerie du
25e corps pendant la défense nationale. Ajoutons surtout qu'il était auteur d'ouvrages remarquables sur les
institutions militaires dans la République, la suppression
du volontariat, sur la fortification allemande, les chemins de fer au point de vue militaire, sur la méthode
de tir, etc.; il avait même étudié l'économie sociale et
publié un excellent livre sur les sociétés coopératives
de production et de consommation. Bref, un citoyen.

M. Albert Ferry fit une campagne d'opportunisme,
colportant partout que ce « communard » égaré dans
l'armée aurait sur les doigts.

M. Albert Ferry fut élu.

Le lendemain, Jules Ferry brisait la carrière du commandant Rovel : il le faisait immédiatement mettre à la
retraite.

Quelques mois plus tard, le commandant Rovel, frappé
dans sa laborieuse activité, dans son ambition la plus
légitime, mourait de chagrin à Lussac-les-Châteaux,
dans la Vienne.

C'est ainsi que les Ferry frappent les rivaux des
ferrystes.

Aux élections municipales de 1884, la haine vindicative de M. Albert Ferry et de son patron n'éclata pas
avec une moins furieuse âpreté contre les électeurs
républicains de Saint-Dié même.

M. Albert Ferry était conseiller et maire sortant.

Son administration peu intelligente et très partiale lui avait valu l'hostilité générale.

Il ne put passer qu'au deuxième tour de scrutin, ballotté, le vingt-cinquième — sur vingt-six conseillers. Pour se faire élire, il avait usé de toutes les ruses usitées dans les petits centres provinciaux pour intimider l'électeur, jusqu'à faire imprimer sur papier presque transparent et surchargé de barres noires les bulletins portant son nom, afin de connaître les votes des employés de la ville. Le 25 juin 1884, les correspondants vosgiens de *la Justice* en envoyaient d'authentiques spécimens à ce journal.

Renommé maire dans ces piètres conditions, M. Albert Ferry ne connut plus de mesure. Furieux d'être dévoilé par la presse et notamment *le Patriote de l'Est*, il n'aspira qu'à se venger de sa peu prestigieuse rentrée.

Dans son discours d'installation, il prononçait d'abord cette menace : « Les agents et employés qui vivent au râtelier de la ville ou de l'État *(sic)*, et qui n'ont pas voté pour le maire ou lui font de l'opposition, devront se résigner à laisser là leurs appointements de fonctionnaires, autrement ils seront révoqués. »

Puis il passe de la parole à l'acte.

Un employé de l'octroi avait mal voté, — révoqué ;

Le juge de paix avait voulu rester neutre, — révoqué ;

Un sergent de pompiers était suspect, — révoqué ;

Le gardien du parc était convaincu de libre vote, — révoqué ;

L'huissier des audiences et du parquet n'était qu'un

ferryste sans foi agissante, — révoqué ; le président du
tribunal, Jeannesson, dont nous dirons deux mots,
regrettait de ne pouvoir le faire passer au banc des
prévenus.

L'avoué de la ville avait manqué de zèle,—révoqué ;
on espérait mettre à sa place M. Charles Ferry, — non
pas le Charles Ferry de Jules Ferry, mais le Charles
Ferry de M. Albert Ferry, car M. Albert a aussi un
frère Charles.

Il n'est pas jusqu'aux malheureux ouvriers républicains que M. Albert Ferry n'ait poursuivis de sa haine.

Dans la maison Deflin-Schmidt et chez MM. Rielles
frères, il y en avait qui avaient voté contre lui; il les fit
chasser.

C'est précisément à propos de l'avoué Charles Ferry,
frère d'Albert Ferry, qu'en juin 1884, Lissagaray et
ses correspondants des Vosges étaient poursuivis pour
avoir écrit dans *la Bataille* (8 juin) ce qu'à Saint-Dié
personne ne se gêne pour dire tout haut. Le président
du tribunal, l'honorable M. Jeannesson, avait couvert de
ses arrêts la clientèle ferryste. A ce trait on reconnaissait vite l'opportuniste de 1858 qui envoyait à l'empereur du Deux-Décembre, le lendemain de la tentative
d'Orsini, l'assurance d'un dévouement dont Ferry pouvait encore hier apprécier le non moins précieux hommage (1). Par le président du tribunal, on juge du

---

(1) Voici cette pièce :
Ce jourd'hui, 17 janvier 1858.
Les membres du tribunal de première instance de Saint-Dié,
réunis en la chambre du Conseil où étaient présents MM. JEAN-
NESSON, président; Febvrel, président honoraire; Chanzy,

tribunal lui-même, depuis le juge d'instruction, M. Pas-
sot, un ressouvenir curieux des magistrats question-
naires d'avant 89, jusqu'à l'ex-avoué, M. Deville, présentement greffier, un timide indépendant d'avant-hier,
qui a courbé l'échine et s'est rangé.

Les Ferry ont bien fait, on le voit, des Vosges un
fief ferryste.

Adam, juges; de Golbery, Colombier, juges suppléants; Thi-
riot, procureur impérial; Verdun, substitut; Frisches, greffier;
Toussaint et Marchal, commis greffiers, ont voté l'adresse suivante à SA MAJESTÉ L'EMPEREUR : .

« SIRE,

« Profondément émus par l'horrible attentat qui vient de cons-
terner et d'indigner toute l'Europe, les membres du Tribunal de
première instance se hâtent de témoigner humblement à Votre
Majesté Impériale et à Sa Majesté l'Impératrice la joie dont
leurs cœurs sont remplis, de voir que des jours aussi chers et
aussi précieux au pays ont été préservés par une nouvelle
faveur de la divine Providence, qui veille sur la France et qui
la sauve en sauvant son Empereur.

« Nous sommes, avec le plus profond respect, SIRE, DE VOTRE
MAJESTÉ IMPÉRIALE, les très humbles, dévoués et fidèles servi-
teurs et sujets. »

*(Suivent les signatures de M. JEANNESSON
et autres ci-dessus mentionnés.)*

Jules Ferry a fait décorer naturellement l'honorable M. Jan-
nesson et, détail bien plaisant, voici comment, dans un discours
de banquet à l'hôtel de ville de Saint-Dié, le 11 septembre 1881,
il appréciait cet ancien bonapartiste : « Il y a une autre question, c'est la question de la réforme judiciaire, et certes j'en puis
parler ici avec une très grande liberté, *précisément parce que
je suis à côté d'un magistrat qui a toujours donné, au vu et su de
tous, le plus admirable exemple d'indépendance sous tous les
régimes : Eh bien! devant ce magistrat républicain éprouvé,* je
dis qu'assurément de toutes les réformes demandées par l'opinion, il y en a une qui, sans conteste aucune, a le premier rang,
le premier degré d'urgence, c'est la réforme judiciaire. »

Des deux chalets qu'ils ont construits, dans ces dernières années, à un kilomètre de Saint-Dié, au pied de
la montagne Saint-Martin, au lieu élégamment appelé
Foucharupt, Jules Ferry et Charles Ferry (le Charles de
Jules) surveillent le pays comme ces petits hobereaux,
barricadés jadis dans leurs castels, surveillaient la grand'
route. Le chalet de Jules est une ancienne maison
transformée ; celui de Charles est récemment construit.
Pendant les travaux, on voyait les deux illustres frères
se promener avec bienveillance sur les chantiers: « Surtout, disaient-ils aux architectes, faites très simple,
tout ce qu'il y a de moins voyant ! Nous sommes de
petits bourgeois comme M. Thiers. » On se répéta le
mot avec émotion.

Un fil télégraphique posé aux frais de l'État, bien
entendu (et seulement supprimé il y a *quatre mois*),
reliait les chalets de Foucharupt, non seulement aux
ministères, — mais à tous les centres importants des
Vosges. Le département était pris dans une toile d'arai-
gnée ferryste.

Partout les républicains molestés, opprimés. Partout
les cléricaux marchant tête haute, placés, triomphants :
à eux les croix d'honneur, les palmes d'officier d'aca-
démie, les sièges électifs communaux, même l'ordre
de Méline !

Là où le pays est tout entier républicain, comme le
canton de Corcieux, par exemple, pour réprimer un tel
excès d'audace, Jules Ferry allait prendre la demi-douzaine de cléricaux militants du chef-lieu pour leur
confier toutes les fonctions rétribuées ou honorifiques.
Clérical, le président de la commission scolaire ; clé-

rical, le secrétaire de la même commission, un fonctionnaire ministériel à qui régulièrement, tous les 14 juillet,
la population va faire un charivari patriotique, parce
qu'il refuse de pavoiser ; clérical, le suppléant du juge
de paix ; clérical, le médecin des enfants en nourrice.
Il n'est pas jusqu'au curé de Corcieux et son vicaire
dont la piété agissante ne menace d'excommunication
les enfants qui, au lieu d'assister aux vêpres l'après-
midi des dimanches, préfèrent le bataillon scolaire. L'an
dernier, deux républicains antiferrystes passaient au
conseil municipal de Corcieux : « Voilà le règne de la
canaille qui commence, » dit un talon rouge de la noble
famille — sortie des fours à chaux de Robache.

A Saint-Dié, on a vu Ferry, Jules Ferry en personne,
baiser la patène à la cathédrale, le jour de l'enterrement
d'un cousin. Étonnez-vous donc que Rochefort ait pu
annoncer, il y a deux ans, le tardif mariage religieux
du président du Conseil avec l'office même du nonce !

Jules Ferry est du dernier bien avec l'évêque de
Saint-Dié et les grands propriétaires cléricaux des
environs. Chez les uns, il va chasser en compagnie de
la fine fleur de la réaction. A l'autre, s'il n'octroie
pas, au grand soleil, l'honneur de sa visite, il donne
cependant de publiques marques de sympathie. Grâce
à Ferry, le budget extraordinaire de l'évêché s'est gras-
sement arrondi : en 1879, des travaux artistiques sont
venus embellir le pieux séjour : calorifères, salles de
verdure, salles de jeux, rien n'y manque.

Sous la mairie d'Albert Ferry, le clergé processionne
comme sous la Restauration : les édifices religieux ne
sont pas illuminés et les sonneries civiles n'ont pas lieu

6.

les 14 juillet. L'administration municipale et préfectorale
a tout mis en usage pour faire avorter la loge maçon-
nique, la ligue d'enseignement, etc., tout ce qui, avec
nos mœurs actuelles, constitue en un mot la vie politique d'une petite ville.

Par contre, le cercle catholique prospère et l'institut
de patronage des jeunes ouvriers et ouvrières fait de
fortes encaisses : ils ont protesté récemment contre
l'évacuation du Tonkin et de l'Annam.

De temps en temps, l'évêque de Strasbourg vient faire,
— au nom des *hommes sans patrie*, comme disent là-
bas les patriotes, — son apparition ; il processionne
aussi naturellement dans les rues de Saint-Dié :
M. Albert Ferry dit un *oremus* au dieu de l'article 7
avec son oncle et ses deux cousins, tous trois curés.

A l'ombre de cette belle administration locale, les
Prussiens sortent d'Alsace, envahissent pacifiquement la
contrée ; partout ils pénètrent et se faufilent. Hier
encore les agents croyaient interpréter les grands desseins du maître en respectant cette invasion jusque
dans les villes frontières.

En juillet 1882, il fallait que le ministre de la guerre,
le général Billot, intervînt lui-même auprès du ministre
de l'intérieur et l'invitât impérativement à mettre en
demeure le maire de Saint-Dié, M. Albert Ferry, de
chasser deux soldats prussiens, originaires de Reinau
(Brandebourg), qui tenaient l'emploi de solistes (haute
solde, s'il vous plaît !) dans la musique municipale ! La
musique s'appelait l'*Alsace-Lorraine*. O ironie !

Lecteurs parisiens, habitués à regarder les idées et
les principes plus que les hommes et leurs vilaines

menées particulières, ne traitez pas ces pages de racon-
tars de petite ville !

Non pas !

C'est la République telle que Ferry l'a faite en province.

IX

*Les élections du 21 août 1881. — Campagne électorale
de Ferry, président du Conseil. — La politique réactionnaire de Ferry. — Le discours d'Épinal. — « Le
grand diviseur » Ferry — Rivalités de Ferry et de
Gambetta.*

A peine les élections du 21 août furent-elles proches,
que dans toute la presse semi-réactionnaire ce ne fut
qu'un concert de louanges à l'adresse de Ferry.

« Enfin, un homme d'État nous est né ! Ferry, —
« voilà le ministre nécessaire ! Lui seul comprend les
« conditions d'un gouvernement ! C'est le véritable chef
« d'une politique gouvernementale et responsable !
« Avec lui, pas de pouvoir occulte, mais l'exercice loyal
« de l'autorité constitutionnelle ! Avec lui, les réformes
« sans violences ni secousses ! »

On a pu juger de la valeur des réformes entreprises
par Ferry : l'examen de la politique des décrets et de la
prétendue réforme de l'enseignement a montré, sans
réplique, que la politique progressiste n'a pas eu de plus
hypocrite adversaire que lui !

Nous aborderons tout à l'heure l'examen de la politique coloniale par la question tunisienne. Montrons
maintenant quelle politique intérieure suivit Ferry, pré-

sident du Conseil des ministres, depuis le 23 septembre 1880, c'est-à-dire depuis la chute de Freycinet au lendemain de l'application des décrets, jusqu'à sa propre retraite devant le ministère Gambetta, le 14 novembre 1881.

Bien que Gambetta eût trouvé en lui un complice docile pour s'associer au pouvoir occulte qui renversa Freycinet (en l'absence du Parlement, ne l'oublions pas), pour refuser de convoquer les Chambres dans les moments les plus instants (comme la guerre de Tunisie), — depuis longtemps les divergences de Ferry et de Gambetta, disons plus, leur antagonisme était devenu un des éléments de la politique courante : depuis longtemps, Ferry avait accentué son opposition de droite, tantôt en se taisant, au lieu de prendre position, comme dans le grand débat sur le scrutin de liste où les amis compromettants de Grévy s'étaient seuls mesurés avec Gambetta, tantôt en faisant ouvertement son opposition de rétrograde.

Nous avons marqué dès 1876 cette attitude de Ferry : elle n'avait fait que s'accentuer de jour en jour.

Au début, Gambetta avait froncé les sourcils contre cette politique ferryste qu'il heurtait à chaque instant.

Tantôt il appelait plaisamment Ferry « le grand diviseur ! »

Tantôt le prenant sur un ton plus grave, il disait à ses collaborateurs de *la République française*, entre autres à l'éminent publiciste Gaulier, aujourd'hui rédacteur du *Rappel*, en parlant du chef des séparatistes : « On veut séparer les républicains de ceux qu'on appelle les radicaux ! quelle politique ! »

Puis, peu à peu, emprisonné lui-même dans les propres filets de son action publique aussi dangereuse pour les fins de la démocratie que tortueuse dans ses moyens, il en était venu à prononcer, après l'application des décrets de l'article 7, un de ces mots typiques qui peignent toute une mentalité : « Ferry, avait dit Gambetta, est un des rares hommes qui ont grandi aux affaires ! » (Sic.)

Ce n'est point trop de dire que Gambetta, jusqu'ici l'unique et incontesté chef des gauches, avait vu, — grâce à l'exagération même de ses doctrines commentées et revues par Ferry et autres, — ce commandement lui échapper. Désormais, et par sa faute, un homme se dressait devant lui, et le jour n'était pas loin où sa célèbre parole lui serait à lui-même appliquée : « Se soumettre ou se démettre. »

Pour parer le coup, échapper à la conjuration des médiocrités dont Ferry était le guide autorisé, il lui fallait et le scrutin de liste et la révision, emportant enfin avec elle la réduction du Sénat.

Vainement, Gambetta alla le dire à Tours.

Ferry s'était levé avant lui.

Un mois avant la séparation de la Chambre (27 juillet 1881), Ferry, inaugurant la période électorale virtuellement ouverte, avait, à Épinal, à l'occasion d'un concours agricole régional, fait l'exposé dogmatique et tranchant de la politique qu'il entendait imposer au suffrage universel le 21 août.

Cette politique était l'antipode de la politique non pas seulement démocratique, mais républicaine.

Gambetta pouvait comprendre tardivement, à la lecture de la parole impérative de celui qui se donnait en public comme son premier lieutenant, quels obstacles surgiraient devant lui au jour plus ou moins prochain où il prendrait le pouvoir.

Le discours d'Epinal, après une rapide apologie des actes ministériels ferrystes (nous les avons suffisamment cités), n'était qu'une charge à fond de train et flamberge au vent contre le parti radical.

Par un artifice grossier, brutal, familier à l'esprit et au langage de Ferry, le véritable mot d'ordre, le refrain de chaque paragraphe semblait, était même : « Pas de division ! Pas de division ! » Et le seul but du discours était de creuser le fossé dans le camp même de l'armée républicaine, de façon à y faire chuter les progressistes.

D'ailleurs, que parler d'une fraction avancée, progressiste dans le parti républicain ! Il n'y avait pas d'autres progressistes que les *modérés*.

Je sais bien, disait Ferry, qu'il y a dans le pays une opinion qui s'appelle le radicalisme. Le radicalisme a ses représentants — que je respecte (*textuel*). Il a une puissance dans la presse, il a pour lui un certain nombre de villes de France, et l'on nous annonce, en son nom, que les élections prochaines vont être la mise en accusation de la politique modérée par la politique radicale.

Je n'en crois pas un mot.

Ce n'est pas le radicalisme qui a fondé la République, ce n'est pas avec les idées et les procédés du radicalisme qu'on a fait vivre et gouverné la France républicaine depuis cinq ans qu'elle est maîtresse de ses destinées ; ce ne sont pas les idées et les procédés du radicalisme qui ont accompli les réformes que je me permets de trouver considérables, effectuées depuis cinq ans.

En vérité, à entendre ces nouveaux apôtres qui ne parlent que de mettre au rebut les idées et la politique que l'expérience a consacrées, et qui nous rejettent tous ensemble, au nom de je ne sais quel Évangile républicain nouveau ; à les entendre, la politique modérée n'aurait pas répondu au besoin de réformes qui agite toute démocratie et la démocratie française en particulier.

Jamais l'hypocrisie n'avait été poussée plus loin. Était-ce donc sans invoquer les idées et les procédés du radicalisme que les députés républicains avaient pu triompher le 14 octobre des hommes du 16 mai ?

Puis continuant et poussant plus droit encore sa botte à Gambetta, Ferry ajoutait :

Les élections du 21 août ne seront pas seulement républicaines, elles seront modérées : elles ne se poseront, quoi qu'on en dise, sur aucun terrain périlleux pour l'avenir de la République, pas plus sur le terrain de la division que sur celui de la révision.

On ne fera pas dans ce pays d'élections révisionnistes.

Il faut que les hommes politiques qui substituent trop aisément leurs visées particulières à celles de pays, ou qui considèrent exclusivement l'opposition de certains groupes importants sans doute et qui ont dans le pays une part d'action qu'il ne faut pas dédaigner, mais qui sont bien loin de représenter la direction moyenne de l'esprit public ; il faut, je le répète, que ces hommes politiques en prennent leur parti : — on ne fera pas accepter à la France la révision de la Constitution comme le drapeau des élections prochaines.

Gambetta se tut.

La République française ne souffla mot.

A opportuniste, opportuniste et demi.

C'est dans ce discours d'Épinal que Ferry fit cette ridicule profession de foi sur son tempérament de Vosgien, qui excita une hilarité générale et mérite vraiment d'être citée comme un modèle de flagornerie à l'adresse de l'esprit réactionnaire et antinational de clocher :

Oui, s'exclama Ferry au milieu des bravos des « pays », si j'ai fait quelque chose, — et je ne suis pas de ceux qui s'exagèrent la portée ni la valeur des choses qu'ils ont faites, — si, dis-je, j'ai fait quelque chose, c'est parce que je suis Vosgien... c'est parce que j'ai reçu de la nature... et du tempérament propre au pays auquel je m'honore d'appartenir, je ne sais quelle ténacité dans les choses que je crois justes, je ne sais quel acharnement dans les choses que je crois bonnes et qui m'a soutenu dans la lutte difficile que j'ai entreprise... Je le dis dans cette réunion de famille, — on en rira peut-être ailleurs, — c'est parce que je suis Vosgien de cœur, de tempérament et d'éducation que je suis arrivé à réaliser quelques-unes de ces choses que nous voulons tous... On pourra dire encore qu'il y a ici beaucoup d'esprit local... Etc., etc. !

Ainsi parlait l'homme qui avait été maire de Paris en 1870 ! Que ne s'était-il pas un peu plus tôt souvenu de cette ténacité vosgienne, et avant de l'employer contre les radicaux, que ne l'avait-il exercée contre les étrangers envahissant la patrie !

X

*La politique coloniale et le congrès de Berlin. — La
guerre de Tunisie et Ferry. — La conquête économique : discours de Clémenceau. — Rochefort dénonce
les tripotages des Ferry. — Le procès Roustan.*

« Il faut que nous restions un demi-siècle l'arme au
pied, prêts à défendre l'unité allemande contre les
agressions de *l'Ouest*, » disait le maréchal de Moltke,
dans un discours justement mémorable au Reichstag.

Ce mot du patriote et du soldat allemand devrait
servir d'épigraphe à tout chapitre écrit par un Français
clairvoyant sur ce qu'on a appelé, dans ces dernières
années, la politique coloniale.

Si quelqu'un, il y a quinze ans, quand Paris était
assiégé par les armées prussiennes, était venu dire qu'il
se trouverait au bout d'un si court laps de temps, après
des désastres irréparables, des politiciens français pour
comprendre et pratiquer la restauration des finances de
la patrie en allant jeter tantôt un milliard dans la pres-
qu'île indo-chinoise, pour assurer la défense de la patrie en immobilisant près de 100,000 hommes par l'occupation de la Tunisie conquise sur l'hostile jalousie de
l'Italie, et par l'occupation du royaume d'Annam, —

assurément cet individu eût été déclaré fou à enfermer.

Et cependant il eût dit vrai !

Dès 1879, la politique de recueillement, de paix, de prudence, de reconstitution financière et militaire, pratiquée comme un inéludable devoir par Thiers et par le gouvernement du maréchal de Mac-Mahon lui-même, était répudiée. ·

Cette politique essentiellement nationale faisait, affirment les patriotes de l'opportunisme gambettiste et ferryste, froncer les sourcils de M. de Bismarck.

Un écrivain, jadis à la dévotion de Gambetta, M. Gabriel Charmes, écrivait récemment, dans un livre rempli de jobarderies (1), cette effroyable, cette coupable naïveté : Dès leur arrivée au pouvoir, après la démission de Mac-Mahon, les républicains ont montré une sagesse singulièrement féconde en se rendant au congrès de Berlin, « non pour y chercher des alliés en vue d'un conflit européen, mais pour y rassurer l'Europe sur nos projets *en lui faisant voir que toutes nos forces reconstituées allaient être employées à une œuvre dont nul ne devait prendre ombrage.* » (Sic.)

Le jour où le pauvre et médiocre personnage Waddington, ministre des affaires étrangères et président du cabinet du 4 février 1879, allant donner dans le panneau tendu par le chancelier de l'empire allemand, entrait au Congrès de Berlin, — la France quittait la droite et solide route pour se jeter dans les fondrières et les fossés du chemin de traverse.

---

(1) *Politique extérieure et coloniale.* Introduction, p. x. Paris, Calman-Lévy, 1885.

Au congrès de Berlin, M. de Bismarck nous donnait la Tunisie et son... amitié par-dessus le marché; — le mot convient.

La politique coloniale était le gage donné aux vainqueurs de 1870 que nos forces reconstituées par neuf années de prudence et de travail seraient compromises, gaspillées comme dans une seconde défaite, comme dans une revanche manquée.

A ce prix, M. de Bismarck pardonnait à la France d'avoir survécu au traité de Francfort.

Ferry vit cette politique de près.

Ministre de l'instruction publique des cabinets Waddington et Freycinet, il prit part à cette politique folle, il l'approuva, la contresigna, la continua, l'endossa.

Président du cabinet du 23 septembre 1880 jusqu'au 10 novembre 1881, avec Barthélemy Saint-Hilaire pour prête-nom au quai d'Orsay, il s'en posa définitivement comme le plus actif facteur (1).

Véritable crime d'État dont l'impunité a engendré la folie plus désastreuse encore du Tonkin, la conquête de la Tunisie avait été entièrement perpétrée sans l'ombre d'une discussion parlementaire, d'un ordre du

_____

(1) C'est M. Barthélemy Saint-Hilaire, ministre des affaires étrangères, qui, quelques mois après son entrée au pouvoir, au plus fort des débats parlementaires sur la question tunisienne, écrivait avec l'approbation de Ferry, au directeur d'une revue _allemande_ : « Les affaires de Tunis approchent de la solution qui, j'espère, sera heureuse. Nous n'avons qu'à nous louer de l'attitude de l'Allemagne dans cette question importante; je me plais à manifester la reconnaissance que nous devons au gouvernement allemand. « Il est superflu de commenter ces lignes du commentateur d'Aristote.

jour formel adopté constitutionnellement par les deux Chambres.

Au début, en mai 1879, en septembre 1880, en février et en mars 1881, il ne s'agit au ministère de la guerre que de brèves incursions sur la frontière tunisienne pour réprimer les tribus pillardes, Kroumirs et autres, ainsi que cela s'était pratiqué fréquemment sur les frontières du Maroc.

Au budget de 1882, les crédits minimes demandés à la Chambre figurent sous la rubrique : « Opérations sur la frontière de Tunisie. » Un peu plus tard, Ferry demande 14 millions « pour faire des routes. »

Dans la discussion du Sénat, Barthélemy Saint-Hilaire parle de *simples opérations de gendarmerie* sur la frontière algérienne.

Et en mai 1881, le pays apprend que le général Bréart, poussant une pointe rapide sur Tunis, est arrivé sous les murs du Bardo, et le sabre au poing, a donné trois heures au bey pour signer le traité de Kasr-Saïd, qui livre la Tunisie à la France (12 mai).

Avec son impérial pouvoir personnel, Napoléon III n'agissait pas de plus dictatoriale façon : mais il mettait dans ses actes moins d'hypocrisie.

Ainsi, sans avoir donné le moindre mandat spécial à ses représentants, la France voyait toute sa politique extérieure bousculée; elle subissait elle-même une orientation inconnue; les préoccupations de réformes intérieures étaient reléguées au second plan, — et tout cela parce que MM. Ferry et consorts l'avaient décidé.

C'est que la démocratie laborieuse, la petite bourgeoisie et le prolétariat des villes et des campagnes, qui avaient pour unique but le relèvement de la patrie, n'avaient pas compris que la grande finance, les hommes d'agio, les boursicotiers de haute et basse volée qui pénètrent de plus en plus le monde des politiciens du Parlement et de la presse ne pouvaient davantage s'accommoder de la politique d'économies et de dégrèvements démocratiques ; c'est que la démocratie ne savait pas que, dans les couches politiciennes, il y avait une foule de parents de ministres, de parents de députés qui cherchaient des places administratives dedans ou dehors le pays ; qui demandaient des parts de propriétés dans l'exploitation de grands domaines coloniaux ; c'est qu'à cette vorace armée de budgétivores et d'agioteurs une seule république convenait, — celle où l'on s'enrichit sans travail.

Clémenceau, dans un de ses plus probants discours, le 9 novembre 1881, faisait en termes plus ou moins couverts et tels qu'on peut les employer dans la langue du Palais-Bourbon, la triste constatation de cet état social à propos de la conquête de la Tunisie.

Aux applaudissements des honnêtes gens et des démocrates sincères, il montrait, un ou deux ans avant l'apparition des chasseurs à cheval du général Bréart aux portes du Bardo, les boursicotiers étendant leurs filets sur la Tunisie comme des araignées sur les branches d'un arbre à fruits. Le consul Roustan donnait le signal de la mainmise.

C'était d'abord l'affaire de la compagnie de Bône-Guelma. En 1877, la Chambre avait déclaré d'intérêt public la construction du chemin de fer de Ghardimaou à Tunis : la compagnie de Bône-Guelma obtenait la con-

cession avec une garantie d'intérêt de 6 pour 100, c'est-
à-dire un revenu d'au moins 10,122 francs par kilomètre.
Or, le premier soin de la Bône-Guelma était de traiter avec
une autre compagnie, la Société des Batignolles, pour la
construction du chemin de fer et rétrocéder l'exploitation
à la compagnie fermière, en sorte que les agioteurs de la
Bône-Guelma avaient uniquement rempli le rôle d'in-
termédiaires et percevaient un fort bénéfice, comme le
disait Clémenceau, « pour la peine qu'ils avaient prise
de faire construire le chemin de fer par une compagnie
qui percevait un second bénéfice et de le faire exploiter
par une autre compagnie qui prélevait un troisième
bénéfice. »

C'était ensuite l'affaire du domaine de l'Enfida (plus
de 100,000 hectares), donné par le bey à son ministre,
le général Kérédine, et revendu par ce dernier, dans
des conditions plus ou moins curieuses, sous la pression
du consul Roustan, à une compagnie marseillaise,
laquelle n'eut rien de plus pressé que de le mettre en
actions.

C'était enfin l'affaire du Crédit foncier agricole, dont
l'objet était simplement de mettre la Tunisie tout
entière entre les mains des financiers parisiens. A
l'appui de cette opération, M. Barthélemy Saint-Hilaire
avait même envoyé officiellement un compère, le député
Léon Renault, l'ex-préfet de police de Mac-Mahon,
actuellement agent d'affaires, pour exercer une solide
pression sur le bey et son ministre Mustapha.

Ne pouvant vaincre la résistance du bey, l'expédition
avait été décidée.

Rien de plus honteux que l'attitude de Ferry pendant

le débat. Un instant, il avait interrompu Clémenceau, parlant de l'affaire de l'Enfida et de sa mise en actions, par ces mots : « Ce n'est pas un crime, je pense, de vouloir gagner de l'argent. »

Le frère de Charles Ferry étalait vraiment avec trop d'impudence sa nudité.

Henri Rochefort n'avait pas attendu l'ouverture des Chambres pour dévoiler ce monde.

Rochefort venait enfin de rentrer en France : il avait fondé *l'Intransigeant.*

Le consul Roustan avait trempé dans toutes ces spéculations. Ses variations dans l'appréciation de la politique tunisienne avaient suivi toutes les phases des entreprises financières ; quand la conquête économique, c'est-à-dire les spéculations véreuses, avaient paru marcher à souhait et sans objection beylicale, Roustan écrivait à M. de Freycinet (mai 1879 — juin 1880) « que toutes les questions étaient résolues à la satisfaction des deux gouvernements. » Dès que le bey avait fait une résistance trop ferme, Roustan déclarait à M. Albert Grévy, gouverneur général de l'Algérie, qu'il était urgent d'envahir la Tunisie (septembre 1880-février 1881).

Au milieu de toutes ces menées, il y avait encore des affaires de femme.

Le Roustan avait pour maîtresse officielle une Levantine d'âge, la femme d'un général Élias Mussali, laquelle mêlait aux tripotages de son métier les tripotages de finances.

Le mari, en Alphonse bien appris (quoique chassé du Bardo pour vol), conduisait lui-même tous les jours

Madame Élias en voiture au consulat, où elle passait plusieurs heures avec Roustan : quand le général supputait que la conférence avait suffisamment duré, il revenait toujours en voiture chercher son épouse.

Madame Élias était l'intermédiaire gracieux (seulement dans le sens galant du mot) de toute affaire : elle trafiquait publiquement des titres de protégés français octroyés par Roustan, était en relation avec tout ce que Tunis contenait de taré, même avec des faux monnayeurs, et les amenait au consulat. Détail vraiment typique, quand les bénéfices de Madame Élias étaient trop gras, le général Élias ne se gênait pas pour lui soustraire de vive force des sommes rondelettes, tels les 12,000 francs donnés par un M. Gay, de Tunis, à Madame Élias, et que celle-ci réclamait vainement et naïvement à la femme de M. Gay elle-même.

Roustan nageait dans ce milieu comme dans son élément.

Le scandale était trop public, même pour un pays d'Orient : il passa la mer.

Rochefort, avec son merveilleux génie de polémiste, sa vaillance de citoyen, mit sa plume sous la gorge du personnage.

Dans une série d'articles admirables (1), où l'on ne sait qui l'emporte du courage civique, de l'esprit ou du style (ce style de maître qu'avec tant de goût prisait Bersot, mort il y a quelques années, directeur de l'École normale), il prit Roustan à partie, Roustan et

---

(1) Le premier avec ce titre : *le Secret de l'affaire tunisienne*, parut le 27 septembre 1881.

ses inspirateurs de la métropole : il le cingla, le crava-
cha en plein visage, le botta par derrière et par devant,
et, ainsi accommodé, l'empala sur cette sellette où de-
vraient être exposés tous les fonctionnaires indignes dont
est infestée la République.

Le tribunal de l'opinion applaudit Rochefort, envoya
le consul aux galères.

Le Roustan se montra peu satisfait.

Ferry était tombé sous le discours de Clémenceau ;
mais Gambetta était au ministère, avec Challemel-
Lacour aux affaires étrangères.

Roustan dut faire appel de l'arrêt de l'opinion
publique au tribunal des juges opportunistes.

Rochefort parut en cour d'assises.

Ferry, Gambetta, avaient compté sans le bon sens
honnête des jurés.

Dès qu'ils eurent vu Roustan et sa tête de rasta-
quouère, la cause fut entendue. Le récit des exploits
consulaires avec Madame Elias eut un succès plus légitime que leurs amours.

Une deuxième fois, le Roustan fut condamné — par
l'acquittement de Rochefort. (Déc. 1881.)

Le gouvernement était condamné du même coup.

Dans ces conditions, les ministres devaient à leur
agent une compensation pour ses tribulations semi-con-
jugales et ses services financiers.

Challemel le nomma ministre plénipotentiaire à
Washington : Gambetta avait eu un instant l'inimagi-
nable pensée de l'envoyer comme ambassadeur à
Constantinople.

Ferry n'avait-il pas dit, quelques jours avant sa

chute, « qu'il éprouvait quelque humiliation à défendre l'honorable M. Roustan? »

Inutile d'ajouter que ce digne représentant du gouvernement opportuniste a été maintenu et est encore dans ce poste.

Mais Roustan n'était pas le seul que Rochefort eût justement marqué à l'épaule.

Parallèlement à la conquête économique de la Tunisie, si bien stigmatisée par Clémenceau, les financiers parisiens menaient une affaire bien autrement importante par ses bénéfices immédiats.

Depuis 1874, Gambetta faisait adresser au journal *la République française* des correspondances de Tunis rédigées par un sieur Desfossé, qui était marchand de *Nicham* par surcroît. Ces correspondances avaient pour but de déprécier les obligations de la dette tunisienne et de provoquer leur baisse sur le marché ; le coup n'était pas passé inaperçu.

La conquête économique vint leur donner leur importance vraie.

Rochefort les avait déterrées : il en barbouilla la face de Gambetta, de Challemel-Lacour.

Il montra, avec cette audace qui avait fait trembler les Tuileries et Napoléon III, « la grande flibuste » parisienne et gouvernementale, formant une association dans le but de faire tomber, au prix du papier, les obligations de la dette tunisienne, les rachetant à vil prix et manœuvrant de façon à les faire garantir par la France, maîtresse de la Tunisie.

Une banque, la Banque Franco-Égyptienne, dont le directeur était feu Lévy-Crémieu, auquel Gambetta avait affermé le bulletin financier de *la République fran-çaise*, s'était distinguée dans le rachat des fameuses obligations.

Un des administrateurs de cette banque était le propre frère du président du cabinet du 23 septembre 1880, M. Charles Ferry.

C'est en de telles mains qu'était tombée la République !

XI

Le second cabinet Ferry (21 *février* 1883-30 *mars* 1885).
— *La réaction au pouvoir.* — *La politique intérieure de Ferry : les discours du Havre et de Périgueux ; la loi électorale de Paris ; le roi-uhlan à
Paris ; les conventions ; les questions de la magistrature, du budget des cultes et de l'ambassade du
Vatican ; la révision ; divisions intestines du pays
républicain.*

Nous passerons rapidement sur les événements politiques qui précèdent la formation du cabinet où, pour
la seconde fois, Jules Ferry occupe la présidence.

Il est inutile, en effet, de s'étendre longuement sur
le ministère Gambetta, qui n'eut de grand que les
déceptions qui le suivirent. Tout le monde était en
suspens dans l'attente d'une gestation merveilleuse. Le
héros se découvrit enfin et fit... une fausse couche ; il
n'avait, pour fonder la République, qu'un plan de dictature et le salut des inamovibles dans le ventre, avec
l'expédition d'Egypte pour arrière-faix.

Après lui, on patauge de nouveau dans l'intrigue
de Freycinet, le protestant patelin, qui demande un
bataillon de chasseurs de Vincennes pour garder à

Suez le derrière des Anglais. Grâce au perspicace orateur de l'extrême gauche, cette fois encore le dupeur
ne peut duper !

Après Freycinet, voici les inepties de Fallières et de
Devès, leur odieux procès contre les mineurs de
Montceau et leur ridicule arrestation de M. Jérôme
Bonaparte.

Ferry va hypocritement sangloter aux Jardies et
reparaît sur la scène.

Le 21 février 1883, Grévy le rappelle comme le véritable chef de la majorité.

La situation politique à ce moment était déjà fort grave.

Tous les chefs du parti républicain n'avaient eu
qu'un objet depuis le 14 octobre, nous l'avons suffisamment dit, — c'était de briser le magnifique élan du
pays, afin de pouvoir le mâter et gouverner non pas en
démocrates, mais en autoritaires.

Cependant, quoique fortement désorientée ou désor-
ganisée, la France républicaine présentait encore une
cohésion et des dispositions rassurantes. Les classes
ouvrières avaient récemment prouvé à Montceau et
ailleurs qu'elles n'entendaient point être traitées comme
des machines à épuiser les galeries minières ; le peuple
des grandes villes donnait les signes les plus éner-
giques de son énergie républicaine. Bref, la po'' ique
intérieure, telle qu'elle s'annonçait, montrait la démocratie presque tout entière acquise à de saines agita-
tions et à d'inévitables réformes.

C'est à briser ce mouvement que l'ancien candidat
des listes royalistes vosgiennes en 1871 s'employa dès
le début.

Pour pénétrer le secret de sa politique ministérielle, tant intérieure qu'étrangère, il n'y a pas besoin d'autre clé. La moitié de l'année 1884 n'est pas atteinte, Ferry ne gouverne pas depuis un an, que les mesures les plus réactionnaires, les projets de loi les plus rétrogrades, les plus mauvaises lois se sont succédé sans interruption.

Devès avait cru devoir faire arrêter le prince grotesque dont on avait lu la ridicule élucubration sur les murs de Paris le lendemain de la mort de Gambetta.

Dès qu'il arrive au ministère, Ferry propose, quoi ? Une loi contre l'affichage et les cris dits séditieux, c'est-à-dire des mesures contre la liberté des citoyens. La Chambre elle-même mutila le projet ministériel de telle sorte que Ferry et Waldeck durent l'abandonner. La haine des libertés démocratiques était vraiment trop visible. C'était aller un peu loin de vouloir frapper Jérôme Napoléon sur le dos des républicains.

Voici ensuite la monstrueuse loi sur les récidivistes qui aborde la réforme pénitentiaire précisément par la fin, qui bouleverse toutes les notions scientifiques du droit démocratique et menace du même coup les minorités politiques.

Puis la prétendue réforme judiciaire ! Les constituants de 89, Condorcet, les plus grands esprits de la Révolution avaient soutenu la magistrature élective ; le principe est appliqué en Suisse et aux États-Unis. Ferry, pour toute réforme judiciaire, remanie le personnel de façon qu'il serve plus servilement encore les intérêts opportunistes.

Puis la loi municipale. Pour les conseils municipaux

des départements, le mandat municipal est porté à quatre ans ; la suspension et la dissolution sont maintenues ; l'autorité préfectorale reste entière ; les fonctions municipales ne sont pas rétribuées. Pour Paris, rien — que la menace du rattachement de la préfecture de police au ministère de l'intérieur, c'est-à-dire la création d'un ministere de police générale. Déjà en avril 1881, à propos d'une discussion sur la préfecture de police, comme Floquet rappelait le projet Kératry qui en réclamait la suppression, — suppression approuvée par les membres (Ferry en tête) du gouvernement de la Défense nationale, — Jules Ferry, alors président du Conseil, avait fait cette vive interruption : « Mais le décret n'a pas été rendu ! On s'en est bien gardé (1) ! » Qu'avaient bien pu devenir les projets d'autonomie communale soutenus par Ferry lui-même ?

Ferry et Waldeck font voter la loi sur les syndicats professionnels. C'est une réforme que leurs amis vantent très haut dans l'œuvre. On sait comment la respectent les grandes compagnies de chemins de fer et de mines : les unes interdisent à leurs employés d'accepter même un mandat municipal ; les autres chassent les ouvriers qui font partie des syndicats. D'ailleurs, le premier résultat de la loi, on le sait, est que tout citoyen faisant partie d'une chambre syndicale est obligé d'avoir son casier à la préfecture de police. Excellente mesure pour faciliter aux royalistes la rédaction de listes de proscription ! Ferry et Waldeck peuvent vanter maintenant la reconnaissance de la per-

---

(1) *Journal officiel* du 12 avril 1881 (séance du 11).

sonnalité civile octroyée aux syndicats et l'autorisation de fédération entre syndicats.

Et la loi sur les agents commissionnés des chemins de fer encore ligotée au Sénat par son rapporteur !

Et les conventions scélérates avec les grandes compagnies qui, sous prétexte de l'achèvement du troisième réseau, ont livré à la féodalité financière les routes commerciales, industrielles et stratégiques de la France, — sans parler des tarifs de transport !

Et la question cléricale ! Dès le début de la législature, la suppression du budget des cultes et de l'ambassade du Vatican étaient nettement réclamées par l'extrème gauche. Le 13 décembre 1883, aux applaudissements de Ferry, on vit Spuller, vice-président de la Chambre, défendre à la tribune l'ambassade papale « pour cette raison que la France est une nation catholique qui a des devoirs envers le Saint-Siége. » Paul de Cassagnac, dans cette séance mémorable, vint joindre ses félicitations à celles de Ferry : « Si monseigneur l'évêque d'Angers avait pris la parole, dit justement le député du Gers, je voudrais bien savoir quelle différence il y aurait pu avoir entre le discours qu'il aurait fait et le vôtre, monsieur Spuller ? »

On pressent ce que continue à devenir la réforme de l'enseignement laïque sous un tel patronat gouvernemental. Le 31 mai 1883, Ferry en arrive à défendre devant le Sénat l'enseignement déiste et spiritualiste (1) !

Parlerons-nous pour cette année 1883 des incidents

_____

(1) V. *Journal officiel* du 1er juin 1883.

survenus à l'occasion de la visite du feu roi d'Espagne
à Paris ?

Alphonse venait d'être nommé, lors de son voyage en
Prusse, colonel honoraire du 15ᵉ régiment de uhlans en
garnison à Strasbourg : Ferry eut l'impudeur, après
cette nomination, de solliciter l'arrêt officiel du roi à
Paris. On sait comment les sifflets des Parisiens à la
gare du Nord firent justice de l'imbécillité cynique du
ministre. Ce fut le général Thibaudin sur qui tomba
la colère de Ferry : il dut quitter le ministère parce
qu'il avait publiquement blâmé la démarche honteuse
du président du Conseil auprès du roi d'Espagne. En
réalité, Ferry donnait, en provoquant cette démission,
satisfaction aux réactionnaires qui ne pouvaient par-
donner au ministre de la guerre républicain l'expulsion
des princes d'Orléans des cadres de l'armée. A ce
propos, disons encore à quel point Ferry montra la
bassesse vindicative de son caractère : Thibaudin avait
pour chef de son cabinet militaire un jeune officier
d'un rare mérite, A. Maujan, qui, sorti de Saint-Cyr en
1875, était rapidement devenu capitaine, aide de camp
du général Millot, le commandant de la place de Paris.
Ferry exigea, après la retraite de Thibaudin, que Maujan fût envoyé à Lambessa commander une compagnie
de discipline. Outré de cet acte d'injustice, le capitaine
Maujan préféra briser une carrière qui s'annonçait si
brillante. Il combat aujourd'hui vaillamment au premier
rang de la démocratie parisienne.

Et la question sociale ? — On avait déjà vu comment
Ferry entendait la liberté des classes ouvrières, avec
les troupes envoyées contre les mineurs de Denain. Le

jour où Clémenceau propose à la Chambre des Députés une vaste enquête afin de rechercher les remèdes propres à la crise économique et aux souffrances des travailleurs, Ferry, — qui le croirait? — combat cette simple mesure : elle est votée malgré lui, contre lui.

Telle est l'exécrable politique que l'on vit Ferry aller vanter lui-même aux départements, dans des tournées triomphalement burlesques.

En octobre 1883, il parcourait la Normandie, s'arrêtait à Rouen, au Havre, et y prononçait ces discours qui sonnaient comme un cri de ralliement pour tout ce qu'il y avait d'antirépublicain en France.

Ferry reprenait la tradition même de l'orléanisme, de 1830 à 1848. Au grand mouvement d'une démocratie populaire, faisant elle-même ses affaires par l'organe de représentants fidèles et soumis, il opposait la direction aristocratique de la « bourgeoisie; » à propos de la création d'un lycée de filles par la municipalité de Rouen, il disait avec emphase :

N'est-ce pas là de la bonne, de la vraie démocratie; n'est-ce pas ce qu'on peut appeler le grand et le vrai socialisme démocratique ?

Oui, c'est bien ainsi que les privilèges de l'éducation ou de la fortune justifient les faveurs de la destinée. C'est ainsi qu'une bourgeoisie libérale et républicaine acquitte tous les jours sa dette envers la démocratie des déshérités, en la poussant incessamment vers la lumière, vers le travail et vers la liberté.

Que devons-nous à cette démocratie et qu'a-t-elle le droit de nous demander? Deux choses que notre société lui assure plus complètement de jour en jour : l'éducation et la liberté. Nous avons le droit de le dire, jamais, à aucune époque, il n'a été fait pour l'éducation populaire rien qui approche de ce qui s'accomplit aujourd'hui...

Suit un éloge outrecuidant par Ferry de son œuvre en matière d'enseignement. Nous avons vu que, grâce à lui, la réforme a dévié, avorté. Le personnage continue :

Et ces réformes démocratiques, qui les a faites ? Est-ce le parti qui inscrit sur son programme toutes les réformes inimaginables ? Est-ce aux intransigeants que l'on doit ces réformes sérieuses, populaires, démocratiques? Non, messieurs, elles ont été accomplies par les gens sages, par les républicains modérés.

Messieurs, les intransigeants peuvent poser les questions et ils ne les posent pas toujours bien ; mais ceux qui les résolvent sont, je le répète, les esprits sages, les gens pratiques, les modérés, ceux qui sont ici, qui m'entourent et qui m'approuvent.....

La mauvaise foi, la flagornerie la plus plate, inspiraient toute l'élucubration qui finissait par cette plainte amusante :

Avec votre sympathie nous irons au combat sans amertume et sans colère; nous sommes au-dessus de ce débordement d'outrages et de calomnies qui semblent entrer, hélas! chaque jour davantage dans les mœurs politiques de notre pays.

Une telle parole dans la bouche du personnage grossier, brutal, dont les fureurs baveuses de tribune ont été pendant la dernière législature un spectacle quotidiennement écœurant !

Au Havre, ce fut bien pis : c'est là qu'il prononça ce mot de trahison : « Le péril est à gauche! » Qu'il dénonça le parti radical comme l'ennemi de la République!

Nous n'avons pas eu un seul instant l'intention de constituer une majorité fermée, osait dire le cynique personnage (oui, pour y entrer dans sa majorité, il fallait se montrer prêt à ratifier toute insanité!)... Nous n'avons fermé la porte à personne ; mais il y a des hommes qui, dès les premiers jours, ont fermé cette porte, et, depuis la clôture de la dernière session, l'abîme s'est de plus en plus accusé entre la grande majorité républicaine ouverte, dont nous nous honorons d'être les chefs, et ceux qui s'en sont séparés pour mener contre elle une campagne de division, d'outrages et de calomnies sans nom.

C'est là un fait dont tout homme politique avisé doit tenir grand compte, et sur lequel il doit s'expliquer avec sincérité, avec réflexion. Il y a eu dans ce pays une expansion d'intransigeance, pour me servir du nom même qu'on se glorifie de porter, sur laquelle les hommes soucieux de l'avenir de la République ne sauraient trop porter leur attention.

Quand on interroge le pays dans son ensemble, quand on lui fait appel comme nous faisions il y a peu de temps pour les élections aux conseils généraux, oh ! alors, les minorités d'extrême gauche et d'extrême droite qui menacent la République apparaissent dans leur véritable état de minorités impuissantes.

Ça été là le grand enseignement de ces élections, et il n'est point temps d'oublier cette grande manifestation de bon sens et de sagesse politique: l'effet n'en saurait être effacé par quelques manifestations contraires du suffrage universel, car ce sont des manifestations isolées.

Convient-il, en présence de ces manifestations particulières, que le parti républicain, que le gouvernement perdent leur sang-froid ?

Non, assurément. Mais il est bon que, sans rien exagérer, les hommes qui ont le souci de l'avenir de la République se préoccupent de ces efforts, de ces succès partiels du parti intransigeant.

Quelle conduite faut-il tenir en présence de ces tendances, qui constituent assurément pour la République un péril, et, j'ose le dire, le plus grand, le seul péril du moment : car le péril monarchique n'existe plus. Le péril monarchique est enterré sous deux tombes sur lesquelles ne refleurira jamais un rameau d'avenir. Ce péril n'existe plus, mais un autre lui succède, et il nous faut le regarder en face...

Puis, se mêlant de faire la philosophie politique du progrès social, Ferry continuait dans son suprême dédain pour la démocratie :

Pour que le phénomène paisible de croissance sociale puisse s'accomplir, il lui faut d'abord un gouvernement protecteur et stable qui ne soit pas à la merci du premier caprice de la foule qui passe.

Il lui faut la stabilité et la méthode : il faut savoir discerner, en effet, parmi les réformes dont on parle, celles qui sont faites dans l'esprit public, celles qui ont été suffisamment étudiées, celles qui sont mûres, en un mot, afin de les dégager des formules vagues et des promesses fallacieuses.

Mais que parlons-nous de gouvernement, de stabilité, de méthode ? L'intransigeance n'en veut pas ; elle est le contraire de tout cela.

De gouvernement elle n'en veut plus, et pour elle quiconque parle de gouvernement est un monarchiste ; pour elle, tant que subsistera dans ce pays une parcelle d'autorité, il sera vrai de dire que ce pays vit sous un régime monarchique...

Quant à la stabilité, il en est de même. Pour l'intransigeance, la stabilité, voilà l'ennemi. Pour elle, la République c'est l'agitation perpétuelle, c'est la mutation incessante. Étrange idéal !...

Quant à la méthode, le premier principe de l'intransigeance consiste à déclarer qu'il n'en faut pas avoir. Elle procède de cette manière très simple : on inscrit dans un programme tout ce qui peut passer par la tête d'un homme de notre temps, toutes les choses désirables ou non, détestables ou prématurées : on les promet toutes sans exception, et c'est ainsi qu'on se fait nommer député.

Le programme politique de l'intransigeance, c'est, j'imagine, la table des matières d'un dictionnaire politique du vingtième ou du vingt et unième siècle.

A cette politique qui fait tant de bruit, qui est si difficile à contenter, qui juge si sévèrement les hommes publics, qu'ils soient dans le gouvernement ou dans les Chambres ; à cette politique, messieurs, nous opposons modestement, mais résolument, celle qui a été suivie jusqu'à ce jour, et nous croyons qu'en définitive on peut déjà la juger par ses fruits !

Rien ne manquait dans ce boniment de foire, ni les insultes, ni les calomnies, ni les plus ineptes vanteries, rien, jusqu'à cette plaisante ironie des candidats qui mettent toutes choses dans leur programme «et se font nommer députés! » Ferry n'avait qu'à se remémorer sa propre figure de 1869 pour crayonner leur portrait.

Quelques mois plus tard, à Périgueux, le même Jules Ferry, poursuivant sa campagne contre les républicains radicaux, donnait au pays la plus triste comédie que jongleur politique ait jouée.

Il vantait la stabilité ministérielle comme la stabilité de la République même; il osait parler de réforme de la législature.

Nous avons accompli la réforme judiciaire, disait-il entre autres bibleries, et nous avons si bien résolu ce problème que la génération actuelle n'en entendra plus parler!

Puis, ce grand apôtre de l'union et de la politique de concentration, achevant de déclarer la guerre au radicalisme, faisant sauter les ponts pour mieux l'isoler et le perdre, osait prononcer cet absurde apophtegme:

La République sera la République des paysans ou elle ne sera pas!

Ainsi le rêve de Ferry était non pas seulement de rejeter parlementairement le parti progressiste au ban des accusés républicains, voire aux côtés des condamnés de Monceau, mais de tracer entre la démocratie des campagnes et la démocratie des villes une fortification solidement armée, d'où les citoyens de la glèbe abrités sous le drapeau d'un Ferry tireraient sur les citoyens de la plèbe. Ainsi, tandis que la seule politique des vrais démocrates consistait à fondre, en un groupe unique, tous les groupes de la démocratie française; tandis que pas une réforme prolétarienne n'était honnêtement réclamée qui ne dût indistinctement servir tous les déshérités, ceux de l'atelier comme ceux du sillon, on voyait un soi-disant homme d'État de la République plagier mot pour mot les préfets de Napoléon III, les réactionnaires royalistes de l'Assemblée de 1871, exciter les campagnes contre les villes, les champs contre les rues. Comme si les citoyens des communes rurales et les citoyens des grandes communes urbaines, les paysans et les ouvriers, n'étaient point étroitement solidaires ! Comme si les intérêts des uns et des autres pour la réforme de l'impôt, du service militaire, l'organisation du crédit et l'universalisation de la propriété n'étaient point les mêmes !

Mais achevons, pour l'année 1884 et jusqu'au 30 mars 1885, l'examen de cette néfaste politique intérieure.

« On ne fera pas dans ce pays d'élections révisionnistes, » avait dit Ferry pendant la période électorale de 1881.

Le mouvement républicain pour la révision s'était prononcé au contraire avec une telle force, que le président du ministère du 21 février vit qu'il ne pouvait l'éviter. Trois cent trente collèges électoraux s'étaient prononcés pour la révision. Une ligue révisionniste s'était formée, sous l'impulsion de Clémenceau, des députés de l'extrême gauche et d'un grand nombre de citoyens. Toute la politique de Ferry visa dès lors ce but : avoir l'air de faire une révision, afin par ce trompe-l'œil d'enlever aux radicaux cette plate-forme électorale, donner au pays le mot — mais non la chose. Cette honteuse comédie eut son dénouement en août 1884.

Les deux Chambres se réunirent en congrès à Versailles.

L'institution du Sénat était directement visée par la démocratie radicale, comme le seul obstacle à toute réforme démocratique. Mais Ferry avait dit dans plusieurs discours, lors de la réélection des sénateurs des Vosges en décembre 1881, lors de l'inauguration de la salle du Jeu de paume, — *le Sénat est le boulevard de la République :* — toute proposition de réforme constitutionnelle vint échouer devant la question préalable.

Les inamovibles étaient maintenus; la mort seule pouvait en avoir raison.

Le droit sénatorial de dissoudre la Chambre était maintenu.

Seules les prières publiques étaient supprimées.

A l'ordre de Ferry, l'élection du Sénat par le suffrage universel avait été même repoussée par le congrès. Or, ce même Ferry, le 11 février 1875, quand Pascal Duprat saisissait l'Assemblée nationale d'un amendement tendant à faire élire le Sénat « par les mêmes électeurs que la Chambre des Députés, » avait voté, nous l'avons vu, avec Pascal Duprat lui-même, — c'est-à-dire l'élection du Sénat par le suffrage universel.

Telle était la révision ferryste.

La crise agricole sévissait avec intensité : le libre-échange, en ouvrant nos marchés à l'importation étrangère des produits agricoles, assurait au moins aux populations ouvrières les premiers aliments à des prix relativement réduits. Mais l'aristocratie des gros producteurs ne l'entendait point ainsi. La ridicule et illégale décoration de Méline ne lui suffisait pas : elle exigea des surtaxes sur les céréales et les bestiaux, en un mot une politique douanière de protection. Que lui importait les pauvres ! On verra les résultats de la politique des surtaxes avec des disettes de récoltes de céréales comme celle qui a sévi l'été dernier en Russie.

Encore un mot.

Les scandales de Corse devaient être l'aboutissant logique de cette politique : un journaliste radical assassiné, ses meurtriers condamnés à une peine dérisoire, une magistrature de laquais ; des préfets, agents de guerre civile. Voilà ce que Ferry provoquait et absolvait (1).

Telle était l'œuvre de Ferry à l'intérieur (2).

------

(1) Voir l'excellente brochure de Judet : *la Question corse*, in-8° de 152 p. avec documents. Paris, mai 1881.

(2) Pour être complet, donnons, comme pour la législation de 1877-1881, les principaux votes de Ferry pendant la législation 1881-85.

Suppression du budget des cultes (25 juin 1881), *contre ;* Divorce (10 juin 1882), *s'abstient ;* Conversion du 5 o/o en 4 1/2 (24 avril 1883), *s'abstient ;* Conventions avec les chemins de fer (2 août 1883), *pour ;* Rétribution des fonctions municipales (25 octobre 1883), *contre ;* Ordre du jour de confiance sur les affaires du Tonkin (31 octobre 1883), *pour ;* Suppression de l'ambassade du pape (14 décembre 1883), *contre ;* Révision de la constitution (proposition Barodet. — 27 mars 1884), *contre ;* Élections des sénateurs par le suffrage universel (2 et 9 décembre 1885), *contre ;* Retour au système protectionniste modifiant le tarif des douanes relatif aux céréales (5 mars), relatif au bétail (17 mars), *pour ;* Service de trois ans (projet de loi de recrutement de l'armée. — 20 juin 1885), *s'abstient ;* Crédits pour l'expédition de Madagascar (30 juillet 1885), *pour.*

De ces votes et de ces abstentions, il n'en est pas un qui ne soit une insanité ou une palinodie.

XII

*La politique coloniale de Ferry (fin). — La guerre du
Tonkin. — Ferry et l'Allemagne. — Les parents prussiens de Ferry ; le baron zurichois de Bavier-Chauffour et les mines du Tonkin. — Le déficit ; la désor-
ganisation de l'armée. — Isolement de la France en
Europe. — Direction insensée des négociations et des
opérations militaires relatives au Tonkin. — Les
lettres de l'amiral Courbet. — La démission du général Campenon. — Défaite de Lang-Son. — La séance
du 30 mars : chute de Ferry. — La paix du 9 juin.*

Quelque coupable, quelque antirépublicaine que lût
cette œuvre, ce n'était rien encore au prix de ce qui
s'accomplissait au dehors.

Comme les dispositions manifestées par la démocratie
paraissaient encore trop radicales, Ferry a recours au
vieux moyen monarchique des diversions de politique
militaire et étrangère.

« Donnons de l'air à la politique intérieure ! »
disait un peu trop naïvement Adrien Hébrard dans son
journal.

C'est qu'en effet pas une des explications parlementaires données par Ferry sur les causes de l'expédition
tonkinoise ne peut faire sérieuse figure à côté du vrai

mobile que la démocratie dénonça dès la première heure.

Parler de débouchés économiques quand partout le commerce français arrive en Orient comme en Tunisie seulement au troisième ou au quatrième rang, parler de placement de père de famille quand l'expédition devait porter le dernier coup aux finances, provoquer le déficit, la menace de nouveaux emprunts et de nouveaux impôts, grever enfin pour une période indéterminée le budget de la marine et de la guerre, c'était vraiment se jouer avec trop de cynisme de la crédulité publique.

Il ne s'agit pas davantage, ainsi que l'a fait encore Ferry pour justifier cette expédition insensée, de la faire remonter aux aventures du lieutenant de vaisseau Francis Garnier et du commerçant Dupuis, et de prétendre ainsi expliquer l'enchaînement des faits ; cela peut être le côté historique de la question, cela n'en est pas le côté politique. C'est précisément l'échec de ces entreprises qui eût dû éclairer Ferry et le retenir au lieu de le pousser plus avant.

Sans doute, on escarmouchait dans le delta depuis nombre d'années ; mais quelle est la frontière coloniale où les postes européens, anglais, français, espagnols, hollandais, etc., ne guerroyent pas avec les indigènes ? Sans doute la convention franco-annamite, signée par le lieutenant de vaisseau Philastre au lendemain de la mort de Garnier (15 mars 1874), qui attribuait à la France l'obligation de maintenir l'ordre dans l'Annam et de détruire la piraterie, nous imposait plus de charges qu'elle ne nous apportait d'avantages. Mais n'était-il pas de toute évidence que la conversion de ce traité en un traité de *protectoral* effectif entraînait avec lui toute une politique de démonstrations militaires absolument incompatible avec notre équilibre financier et surtout notre sécurité en Europe vis-à-vis de l'Allemagne ?

Croire un seul instant que la mainmise de la France sur le Tonkin n'entraînerait pas des protestations armées et une lutte ouverte avec l'Annam et la Chine ; croire que le politique allemand se désintéresserait de cette nouvelle attitude de la France et n'agirait point en conséquence sur les personnages dirigeants de l'empire chinois, c'était faire preuve de la plus effroyable incurie, d'une ignorance digne d'un Gramont, ou mieux c'était dévoiler tout un plan d'arrière-pensées inavouables.

Avant de prendre la présidence du conseil du 21 février 1883, Jules Ferry, ministre de l'instruction dans le ministère Waddington (4 février 1879), ministre de l'instruction dans le ministère Freycinet (28 décembre 1879), président du cabinet du 23 septembre 1880, ministre de l'instruction dans le second ministère Freycinet (1er février 1882), avait pu suivre toutes les péripéties de la politique extérieure dans la question indo-chinoise.

Il avait vu, vu de ses yeux, les hésitations de l'amiral Pothuau qui, dans ses instructions à l'amiral Lafont gouverneur de la Cochinchine, n'hésitait pas à dire qu'en cas d'hostilités ouvertes, le gouverneur était absolument autorisé à limiter les conséquences du débat militaire au Tonkin, « *en entrant en négociation avec*

*une insurrection triomphante dont l'Annam n'aurait pu
avoir raison* (1). »

Il avait vu l'amiral Jauréguiberry remettre au successeur de l'amiral Lafont dans le gouvernement de la
Cochinchine, M. Le Myre de Villers, des instructions
très nettes dans lesquelle la politique de conquêtes
était étudiée avec franchise, mais dans lesquelles aussi
« les *frais élevés* et les *sacrifices permanents* dont il ne
fallait pas se dissimuler l'importance » n'étaient point
dissimulés non plus, à tel point que M. Le Myre de
Villers rappelait qu'il était une autre ligne de conduite
plus sage : « réduire notre action à de simples institutions consulaires (2). »

Il n'ignorait aucune des prétentions effectives et légitimes de la Chine à la suzeraineté de l'Annam et du
Tonkin malgré le traité du 15 mars 1874, puisque, en
1878-79, l'insurrection de Li-Yong-Tchoï, ancien général chinois qui s'était fait proclamer roi du Tonkin
comme descendant de la dynastie des Li, était réprimée
par les troupes chinoises elles-mêmes. Après l'exécution de Li-Yong-Tchoï, des garnisons chinoises res-
taient dans les principales villes fortes du Tonkin,
notamment à Thay-Nguyen, et réprimaient la piraterie
jusque sous les yeux des garnisons françaises de Hanoï
et de Haï-Phong. Le ministre de France en Chine,
M. Brenier de Montmorand, s'était même abstenu de
protester.

Le même Ferry savait pertinemment qu'en mai 1880,
M. de Freycinet, président du ministère dont il faisait

---

(1) *Livre jaune,* vol. I, n°° 39, 40, 41 et annexe.
(2) *Livre jaune,* vol. I, n° 53.

lui-même partie comme titulaire à l'instruction publique, avait d'importantes correspondances soit avec l'amiral Jauréguiberry, soit avec le chargé d'affaires en Chine, M. Patenôtre, relativement à l'ambassade triennale que la cour d'Annam se préparait de la façon la plus ostensible à envoyer à Pékin, comme hommage d'usage immémorial rendu par le vassal au suzerain (1).

Le même Ferry savait quel accueil avait été fait en juin 1880 (2) par la commission du budget, présidée par Brisson, quand M. de Freycinet, parlant « d'arrière-pensée de domination ultérieure » sur le Tonkin, était venu demander un crédit de un million deux cent vingt-sept mille quatre cent soixante-quatre francs pour *faire la police* sur le fleuve Rouge. « Ce n'est pas dans le but de faire *une manifestation vis-à-vis de la Chine et de procéder à des actes de force*, ajoutait M. de Freycinet; *nous ne voulons pas engager les hostilités ni étendre notre domination sur le Tonkin*. Je ne vois pas pourquoi on croit que nous serons entraînés à de grosses dépenses qui se continueraient. » Ferry avait entendu Brisson répondre que l'on manquait d'informations précises et ajouter : « Ou les événements tourneront bien, et alors on dira : Allons plus loin; ou ils tourneront mal, et on dira : Nous ne pouvons rester sur un échec. » Ferry avait vu Rouvier, le rapporteur (7 juin 1888), conclure de son côté à l'ajournement.

Voilà ce que Ferry, sans dénégation possible, savait, avant de prendre lui-même la présidence du ministère du 23 septembre 1880.

---

(1) *Livre jaune*, vol. I, n° 66.
(2) Procès-verbal de la séance du 4 juin.

Cette fois encore, quand c'est lui qui revient à la charge avec une demande de crédits à peine plus importants que ceux demandés par M. de Freycinet, soit cette fois deux millions quatre cent quatre-vingt-sept mille huit cent trente-cinq francs, Ferry se heurte aux objections de la nouvelle commission du budget encore présidée par Brisson.

Et cependant, ce même Ferry assurait qu'il n'était question que de *mesures conservatoires ;* il déclarait que l'avenir restait entièrement réservé et qu'il ne s'agissait nullement *d'amorcer une expédition définitive.* Sur une question de Brisson, il ajoutait qu'il ne pouvait fournir que bien peu de renseignements géographiques et commerciaux ; les contrées étaient *peu connues ;* il insistait sur *le but très limité et très réduit* du cabinet qui était, conformément au traité du 15 mars 1874, de se défendre simplement contre la piraterie, principalement sur le fleuve Rouge ; avec deux avisos, deux canonnières, trois bateaux de rivière, ce serait chose faite, etc. Mais Amédée Le Faure s'opposa à la demande des crédits en faisant observer avec raison que le traité de 1874 qui obligeait la France à faire la police, même dans le haut du fleuve Rouge, ne pourrait jamais être exécuté dans son entier ; Ménard-Dorian estimait que la politique indiquée par le gouvernement manquait de clarté. (*Procès-verbaux* des 7 et 8 mars et du 2 avril.) Enfin le 21 juillet 1881, les crédits accordés par la commission sur le rapport de M. Antonin Proust, auquel le gouvernement avait communiqué les renseignements réclamés, étaient votés par la Chambre, après une discussion à laquelle prenaient part MM. G. Périn et Jules Delafosse, *avec affectation spéciale :* travaux d'hydrographie, protection des comptoirs commerciaux établis à l'embouchure du fleuve Rouge. Il fallait même que Ferry et M. Antonin Proust, qui commençait à jouer le rôle de compère, soutinssent en pleine séance, pour entraîner le vote du centre, que la Chine abdiquait toute prétention sur l'Annam et sur le Tonkin, et qu'elle n'avait pas envoyé un soldat pour faire la police dans ce dernier pays (1).

Mais ce n'était pas tout.

Dans le second ministère Freycinet (1ᵉʳ février-30 juillet 1882) dont Ferry faisait partie toujours comme titulaire à l'instruction publique, ce même Ferry voyait avec quel soin l'amiral Jauréguiberry, ministre de la marine, ratifiait les prescriptions données par le gouverneur de la Cochinchine, M. Le Myre de Villers, au capitaine de vaisseau Henri Rivière, envoyé à Hanoï pour y commander la station navale : « Je ne saurais trop le répéter, avait écrit M. Le Myre de Villers, c'est *pacifiquement, administrativement, politiquement* que nous devons opérer au Tonkin ; une action militaire pourrait avoir des conséquences graves et entraînerait la République dans des complications hors de proportion avec les résultats à attendre (12 février 1882). » Ce même Ferry

---

(1) Citons textuellement les paroles de Jules Ferry et de M. Antonin Proust.

M. Delafosse demande à Ferry quelles sont nos relations diplomatiques avec la Chine et si la Chine acceptera l'établissement de notre protectorat au Tonkin. Ferry l'interrompt en disant : « Le Traité de 1874 a été fait en dehors de l'empire de la Chine et *sans soulever aucune réclamation.* »

M. Jules Delafosse. — Permettez ! la Chine a sur le Tonkin

voyait son chef politique et ministériel, M. de Freycinet,
écrire le 16 mars 1882 au ministre Jauréguiberry :
« L'ouverture du fleuve Rouge, considérée par nous
comme la simple application du traité de 1874, com-
porte bien la dispersion des drapeaux noirs et l'établissement d'un ou plusieurs petits postes fortifiés sur le
cours du fleuve. Elle ne saurait comporter, au contraire, l'occupation d'aucun territoire avoisinant... c'est
politiquement, pacifiquement, que nous devons étendre
et affermir notre influence au Tonkin et en Annam et je
m'explique même un peu moins clairement dans quel
sens M. Le Myre de Villers a ajouté *administrativement :*
notre action, en effet, me paraît devoir être localisée
avec soin et ne saurait s'exercer *par aucune prise de
possession* ; même mitigée et administrative, des villes et
provinces annamites. » Puis revenant deux jours après,
le 18 mars, sur la portée exacte de la politique française en Indo-Chine, M. de Freycinet écrivait avec
une insistance nouvelle à M. Bourée, notre ministre à
Pékin : « Il ne s'agit ni d'une conquête au Tonkin, ni
même d'une entreprise pouvant nous conduire à inter-

---

une suzeraineté reconnue... (Dénégations au centre) si bien
reconnue qu'en 1878 la Chine, comme l'a indiqué l'honorable
M. Périn, a envoyé des troupes au Tonkin par mesure de
police.

M. *Antonin Proust, rapporteur.* — MAIS PAS DU TOUT !

Et le même M. Antonin Proust ajoutait : « Je ne serais pas à
cette tribune, c'est-à-dire que je ne me serais pas chargé du
rapport, si j'avais pu supposer un seul instant, ce qui n'est pas
admissible, que le gouvernement dissimulât une EXPÉDITION
derrière une demande de crédit dont l'objet a été clairement
déterminé. »

Le rapporteur valait le ministre.

venir dans l'administration intérieure de ce pays. »
Freycinet s'en tenait aux termes du vote des crédits
accordés par la Chambre le 21 juillet 1881 : la prise de
la citadelle d'Hanoï, le 18 avril 1882, par Rivière, ne
changeait même rien à ses vues propres, ni aux instructions qu'il faisait tenir à M. Le Myre de Villers et à
M. Rheinhart, le chargé d'affaires du moment à Hué.
Comme le 6 mai, le marquis de Tseng, insuffisamment
informé de l'expédition de Rivière, lui avait écrit :
« S'il est vrai, comme le bruit en avait couru, que la
ville d'Hanoï avait été attaquée par les troupes françaises, ce serait à *l'insu du gouvernement de la République, donc sans son autorisation.* » M. de Freycinet
acquiesçait presque à cette récrimination en écrivant à
M. Bourée, le 7 juillet 1882 : « Vous savez déjà que,
contrairement à mes intentions, il n'a pas été possible
d'éviter une collision avec les troupes annamites. » Il
y avait là, sous la plume du ministre, un mélange d'ex-
cuses et de demi-désaveu absolument caractéristique.

L'attitude du ministère Duclerc qui succédait, le
7 août 1882, au second ministère Freycinet, n'était pas
moins instructive pour Ferry dans la question indo-
chinoise. Sans doute l'amiral Jauréguiberry, accentuant
ses projets sur le Tonkin, se prononçait pour un protectorat officiel ; mais M. Duclerc répondait que ce plan
devait être soumis aux Chambres (14 novembre 1882), et
son avis formel, hautement et incessamment répété,
était qu'il fallait entrer en négociations avec la cour de
Pékin. Conduite d'autant plus rationnelle, qu'en octobre 1882, le Tsong-li-Yamen avertissait M. Bourée
que les troupes chinoises étaient cantonnées dans les

provinces annamites de Cao-Báng, Lang-Son et Bac-
Ninh.

C'est sous cette inspiration ministérielle dirigeante
que M. Bourée, bien instruit de la situation des troupes
chinoises, dont on avait vu les éclaireurs jusque dans
les faubourgs de Hanoï, prêtait l'oreille aux propositions d'arrangement du Tsong-li-Yamen et menait à
bien cette série de négociations qui devaient aboutir
au sage projet de convention combiné avec le vice-roi
du Pe-Tchi-li, Li-Hung-Chang, dit — traité Bourée
(2, 6, 29 décembre 1882).

Le traité Bourée ouvrait la province chinoise du Yunnan à notre commerce, reconnaissait le protectorat français au Tonkin, sauf une zone neutre dans le Tonkin
extrême nord, zone destinée à simuler une espèce de
matelas qui empêcherait notre contact immédiat avec
la frontière du Céleste Empire : cet état de choses
était garanti contre toute entreprise extérieure. Le
30 décembre 1882, M. Duclerc, loin de désavouer
M. Bourée, lui donnait de nouvelles assurances pacifiques : « Le projet de traité que vous annoncez, ajoutait-il, se présente dans des conditions acceptables.
Notre ferme résolution est d'assurer, par une protection efficace sur le Tonkin, la sécurité des transactions
et le libre exercice de nos droits conventionnels...
Non seulement nous ne méditons aucun dessein hostile
contre le gouvernement chinois, mais nous avons le
désir sincère et la conviction d'arriver à un arrangement amiable qui concilie les intérêts communs des
deux pays. Vous pouvez en donner l'assurance positive
au Tsong-li-Yamen. »

Le 21 février 1883, Ferry succède à Duclerc. Il occupe la présidence du Conseil avec Challemel-Lacour, comme ministre des affaires étrangères, et M. Charles Brun à la marine.

Aussitôt, tout cet édifice de sagesse, de paix, de patriotisme français s'écroule. Qu'importait l'Europe, l'Allemagne, la Prusse, le chancelier de Bismarck!

Le premier acte de Ferry et de son digne second, Challemel-Lacour, est le désaveu des négociations approuvées par M. Duclerc et le rappel de M. Bourée (5 mars). Il ne peut être question d'arrangement avec la Chine : ce qu'il faut, c'est l'occupation du Tonkin, *de tout le Tonkin*. (Dépêche du 16 mars.)

M. le Myre de Villers est rappelé : à sa place est envoyé à Saïgon un agent casse-cou, brouillon, de ceux qui pullulent dans l'opportunisme, M. Thomson, le frère du député algérien.

Désormais Rivière est à son affaire : il va pouvoir donner licence à son inquiète et désordonnée ambition; et cependant la situation militaire s'est singulièrement aggravée au Tonkin. Depuis la prise de la citadelle d'Hanoï par Rivière, en avril 1882, MM. Bourée, Le Myre de Villers, Rheinhardt, Rivière lui-même n'avaient cessé de signaler dans leurs correspondances la marche en avant des troupes impériales chinoises (1). En août 1882, 10,000 réguliers chinois sont signalés à Lao-Kaï, tout prêts pour l'attaque. En septembre, l'occupa-

---

(1) *Livre jaune*, t. I, nᵒ 5, p. 259. Id. t. II, nᵒ 142. — Voir aussi procès-verbaux des deux commissions du Tonkin de 1883 et 1854.

tion de Tuyen-Quang et de Bac-Ninh est annoncée.

En octobre de la même année, quelques mille réguliers chinois sont signalés aux environs d'Hanoï par un
de nos agents, M. Delalande ; en réalité, il y en avait
vingt mille. Ce sont les troupes du Kouang-Si et du
Yunnan ; le secrétaire de Li-Hong-Tchang en fait l'aveu
public, à Shangaï, dans une conversation avec
M. Bourée. Il indique même ce chiffre précis.

Les faits prévus par M. Bourée se précipitent.

Rivière, désormais sans contrepoids, poussé par le
nouveau gouverneur de Cochinchine Thomson, se
lance à corps perdu dans la conquête du delta; il occupe Hong-Gay, attaque Nam-Dinh. C'était mettre le
feu aux poudres. De nouvelles troupes chinoises
rentrent au Tonkin. Dans la nuit du 26 au 27 mars,
Hanoï même est attaqué par les gouverneurs de Son-
Tay et de Bac-Ninh à la tête de 4,000 réguliers
chinois. Le 10 mai, Luh-Vinh-Phuoc paraît, avec
ses éclaireurs, jusqu'à la porte sud-est de la citadelle. Le 19 mai, Rivière, voulant se donner de l'air,
s'engage imprudemment avec une petite colonne et se
fait massacrer dans les conditions qui ne sont plus un
secret pour personne. Rivière était en voiture, insou-
ciant, avec des paniers de provisions, comme on se
rend à une partie de campagne aux environs de Paris
pour un déjeuner sous bois, nous disaient, il y a quelques
mois, à Marseille, des officiers de la marine marchande.
Comme Francis Garnier avait voulu ses galons de capitaine de frégate, le malheureux Rivière voulait les
étoiles de contre-amiral.

Les velléités d'aventureuse ambition des officiers de

marine allaient de pair avec la politique des Ferry et des Challemel-Lacour !

C'est Challemel-Lacour qui, quatre jours avant la mort de Rivière, le 15 mai 1883, disait à la tribune de la Chambre, à propos du traité de paix Bourée : « La « précipitation de M. Bourée s'explique par la vive « impatience qu'il éprouvait de conjurer *un danger* « *qui n'avait rien de réel*, mais qui était à ses yeux « redoutable. » Un éminent homme d'État aussi que M. Challemel !

Nous n'insisterons pas sur le dissentiment qui s'est élevé entre les successeurs immédiats de Rivière, le commissaire général civil, M. le docteur Harmand, et et le général Bouët. Pendant cette regrettable querelle, Ferry n'en était pas moins très exactement tenu au courant des faits et gestes des Chinois dans le Tonkin (1). Les dépêches d'août, de septembre et d'octobre 1883 ne laissent aucun doute sur ce point (2).

C'est à ce moment que Ferry commence cette série de cyniques mensonges qui ont pour but de tromper la Chambre et, avec la Chambre, le pays.

Pour exercer dans toute son assurance le pouvoir personnel, il n'est pas d'artifice, de dénégation, de dissimulation que le président du Conseil n'emploie.

Avant tout, il importe que l'opinion parlementaire et l'opinion publique ne soient point saisies des faits authentiques.

---

(1) Par le docteur Harmand surtout qui finit par demander son rappel en déclarant qu'il ne voulait « avoir aucune part de responsabilités dans les fautes commises.»(Rapport de M. Pichon.)

(2) *Livre jaune*, vol, II, f. 196.

Ferry sait que nul ne soutiendrait publiquement la thèse d'une guerre avec une grande puissance d'Orient ; il sait que l'envoi de troupes nombreuses, enlevées à l'organisation de la défense nationale et conduites à quatre mille lieues de la patrie, que le déplacement d'importantes ressources financières plus que jamais nécessaires à la métropole, soulèveraient un mouvement d'indignation qui le balaierait, lui et sa politique et ses complices !

C'est donc à ruser, à tromper le pays qu'il va s'appliquer avec cette stupide ténacité d'hypocrisie qui veut singer les profonds desseins des grands politiques.

Et d'abord, que parle-t-on de guerre avec la Chine? Et quelle est cette manœuvre de la coalition d'extrême gauche et de droite qui veulent inquiéter l'opinion?

« Jamais nous n'avons déclaré la guerre à la Chine, crie bien haut Ferry. La Chine est d'ailleurs *une quantité négligeable.* Mais nous ne combattons que des brigands, des pirates, et *il n'y a pas de réguliers chinois au Tonkin.* »

Le 30 octobre 1883, Challemel, encore ministre des affaires étrangères, répondant à l'interpellation de M. Granet, reconnaît que les troupes françaises ont donné contre des obstacles que l'on n'attendait pas et que les forces auxquelles on s'est heurté sont « plus nombreuses et *d'une autre nature.* »

Ferry intervient bruyamment et donne un démenti à son collègue.

M. Delafosse interrompt Ferry à son tour : « Ce sont les troupes chinoises qui nous font la guerre. »

— Ferry répond : « Vous êtes dans une erreur complète, et vous affirmez une chose que vous ne pouvez savoir. »

— M. Delafosse insiste : « Les dépêches de vos agents le constatent. »

Le 19 novembre suivant, devant la commission du Tonkin, Ferry dément encore ; cette fois c'est son collègue de la marine, l'amiral Peyron, qui communique les renseignements fournis au commandement par les espions de Son-Tay. Or, ce même jour, le marquis de Tseng avait remis à Ferry l'ultimatum de la Chine, dans lequel le gouvernement français, étant accusé de vouloir rompre la paix, il était dit que *les troupes impériales chinoises opposeraient la force à la force.* Le 27 novembre, l'ultimatum ayant été communiqué aux puissances, c'est-à-dire rendu public, M. Ribot, président de la commission, disait : « Le gouvernement est informé officiellement aujourd'hui de la présence des Chinois à Bac-Ninh : si en face de ces troupes nous prenons l'offensive, nous ne pouvons dissimuler que la situation prend, dans une certaine mesure, un caractère nouveau. »

Ferry, en dépit de tout, continue imperturbablement ses mensonges devant la Chambre et le Sénat.

Le 10 décembre, à la tribune du Palais-Bourbon, il feint de croire que « les troupes chinoises sont cantonnées à *la frontière* du Tonkin pour la protéger contre les brigands, contre les rebelles qui infestent la région sud du Yunnan. » — « Il n'y a aucune crainte à avoir, ajoute-t-il, d'une rencontre entre ces troupes et les soldats français qui opèrent dans les environs d'Hanoï. » Il a même l'audace d'invoquer le témoignage d'officiers de marine, de commandants de canonnières revenus du Tonkin, pour appuyer son dire sur l'absence des Chinois, et comme M. Andrieux intervient en rappelant le langage même du marquis de Tseng qui, le 8 août 1883, convenait de la présence des troupes impériales, Ferry s'emporte sérieusement et réplique à son interrupteur : « Cela n'est pas exact, je vous ai démontré le contraire. »

Dix jours après, le 20 décembre, Ferry va rééditer, au Luxembourg, son mensonge, qui a si bien réussi au Palais-Bourbon. « On a bien entendu parler de *réguliers chinois*, mais on n'en a pas vu, on ne les a pas même aperçus à distance, et *vous pouvez tenir pour certain* qu'à Son-Tay, notamment, la vraie force militaire c'est cette force très distincte de l'armée chinoise que l'on a appelée jusqu'à présent les Pavillons-Noirs, bandes disciplinées, il est vrai, et bien armées, mais ayant une existence indépendante. »

Tel était le langage du chef du pouvoir exécutif.

Et cependant, le 9 novembre, l'amiral Courbet écrivait à bord du *Bayard :* « Nous sommes dans un pétrin dont les renforts annoncés ne suffiront peut-être pas à nous tirer. La Chine nous fait ouvertement la guerre, sur le territoire que le traité de Hué a placé sous notre protectorat. Les incertitudes du gouvernement, ses hésitations ruinent notre prestige et doublent l'outrecuidance de nos ennemis... »

Et cependant M. Cavaignac, le 28 novembre 1883, disait devant la commission du Tonkin qui le taisait : « La guerre à la Chine, nous la faisons depuis plus d'une année ! »

On a peine à concevoir, dans un homme public chargé de si hauts intérêts, une mauvaise foi aussi bornée, aussi obtuse que celle de Ferry.

En dehors, en effet, du premier crime d'Etat qui engageait la France à son insu dans une guerre sérieuse contre un grand pays qui, depuis 1860, avait fait au point de vue militaire et maritime des progrès considérables, grâce en partie aux instructeurs français eux-mêmes, il y avait dans la conception de Ferry, pour la conduite de la guerre, des erreurs matérielles d'une portée incalculable.

En se refusant à reconnaître publiquement l'importance des opérations militaires dans lesquelles il lançait nos forces de terre et de mer, il était fatalement acculé à refuser, aux corps expéditionnaires, les ressources numériques suffisantes pour obtenir un effet immédiatement utile.

Ç'a été là une des suites les plus néfastes et les plus criminelles des mensonges parlementaires et de la tactique hypocrite de Ferry.

Non seulement il a violé la Constitution en s'attribuant le droit de paix et de guerre, mais la manière dont les opérations militaires ont été préparées en France, constitue à elle seule un second chef de haute trahison.

A ce point de vue, l'amiral Courbet, dans ses lettres, avait absolument raison, et, en mettant de côté les faiblesses professionnelles du marin qui veut une guerre sans connaître suffisamment l'échiquier européen, et sans se souvenir que cette guerre était avant tout subordonnée aux possibilités de la politique générale, en mettant de côté les jalousies d'arme à l'endroit du général Millot, et les impertinences obligées sous la plume d'un porte-épée à l'endroit des parlements, il reste contre Ferry, dans la correspondance de l'amiral, les accusations les plus terribles et les plus justifiées qui se puissent trouver dans la bouche d'un chef d'armée.

Voyons rapidement les faits de la campagne et l'influence désastreuse de Ferry sur leur conduite par l'insuffisance des secours qu'il envoie de France, par les ordres militaires qu'il a l'audacieuse imbécillité de donner, enfin par ses menées diplomatiques incohérentes.

La mort de Rivière avait été immédiatement suivie du déblocquement d'Hanoï par le général Bouët, et de l'enlèvement des forts de Thuan-An, à l'entrée de la rivière de Hué, par le contre-amiral Courbet (août 1883): cette dernière opération était suivie du massacre des Annamites prisonniers, si pathétiquement raconté par le lieutenant de vaisseau Viaud (P. Loti). Cette indiscrétion était d'ailleurs punie par un prompt rappel de l'officier-écrivain en France.

Après Bouët, le contre-amiral Courbet prenait la direction militaire comme commandant des forces de terre et de mer, et s'installait à Hanoï (novembre 1883). A la tête de quelques renforts, il s'emparait, le 26 décembre 1883, de Son-Tay ; mais la manière déplorable dont il conduisait l'attaque, sacrifiant près de quatre cents hommes pour s'emparer de front, et comme à l'abordage, d'une citadelle qu'il lui était facile de tourner, entraînait son remplacement par un meilleur tacticien, le général Millot. Peut-être aussi l'opinion publiquement

exprimée de Courbet sur « les incertitudes, les hésitations du cabinet, coupable de ne pas avoir réuni la
Chambre à la fin d'août pour lui demander une ligne
de conduite, » n'était-elle pas étrangère à ce remplacement ! On a beau mentir comme Ferry, quelque turlu-
pin de tréteaux que l'on soit, il est désagréable de se
savoir traité de « polichinelle (1) » par un général en
chef.

Le général Millot, avec les renforts mis en sa possession par le vote des crédits de décembre 1883,
s'emparait, en trois mois, de février à mai 1884, de la
plus grande partie du delta, battait à Bac-Ninh
25,000 Chinois commandés par le vice-roi du Kouang-
Si, et cela sans renouveler les fautes de Courbet, en
ayant recours aux manœuvres tactiques de la science
militaire moderne ; il prenait ensuite Hong-Hoa contre
les troupes de Vinh-Phuoc et du vice-roi du Yunnan,
bref, réalisait de point en point le programme et la pensée vingt fois exposés par le ministre de la guerre
Campenon.

Ferry avait, dès lors, la partie belle.

La moindre intelligence de la situation, appuyée
d'un peu d'habileté, suffisait.

On ne vit jamais aussi prodigieuse incapacité.

Ce ministre des affaires étrangères n'avait même pas
au Tonkin ses agents diplomatiques en main. La con-
fusion était à son comble : trois ou quatre diplomates
négociaient en même temps, pour la même affaire, avec

---

(1) Lettres de Courbet (9 novembre 1883, 24 février 1884). —
Courbet accepta néanmoins le grade de vice-amiral du polichinelle du quai d'Orsay en avril 1884.

des vues ou des instructions différentes et souvent contradictoires.

Les Chinois, en présence des succès de Millot, se montraient disposés à traiter dans les conditions les plus favorables à la France.

Un *Allemand* cosmopolite, Detring, directeur des douanes chinoises de Canton, avait mis un capitaine de vaisseau, M. Fournier, en relations avec Li-Hung-Chang. M. Fournier, en manière de diplomate-touriste, se rend à Tien-Tsin et négocie; or, à ce moment, un seul homme avait reçu les pleins pouvoirs du gouvernement: c'était le contre-amiral Lespès, un des sous-ordres de Courbet (1).

Mais peu importe! M. Fournier négocie: il a lui-même appelé plus tard son traité un *coup de main diplomatique.*

Par un véritable coup de fortune, la Chine cédait le Tonkin tout entier à la France; plus de zone neutre comme dans la convention Bourée (11 mai 1884). Seulement, et c'est ici qu'éclate la naïveté de l'agent ferryste, le néo-diplomate Fournier avait oublié de stipuler la date exacte de l'évacuation des principales places fortes du haut Tonkin, Lang-Son, Kao-Bang et Lao-Kaï: les troupes chinoises devaient se retirer *immédiatement*; — *immédiatement* voulait-il dire dans *vingt* jours, dans *quarante* jours ou dans *trois mois?* C'est ce que le récit funambulesque des pantomimes de Li et de M. Fournier n'a pas permis de décider.

Quoi qu'il en soit, avec la plus élémentaire prudence,

_____

(1) Rapport de M. Andrieux, au nom de la sous-commission diplomatique.

la guerre pouvait ici prendre fin, et de la manière la plus heureuse.

Mais qu'advient-il ?

Ferry, au lieu d'enjoindre à son diplomate de surveiller l'exécution du traité, le laisse repartir le 18 mai (sept jours après les premiers pourparlers!) pour la France ! Le contre-amiral Lespès ne se mêle de rien, et le ministre de Chine, M. Patenôtre, arrivant à Hué pour établir l'instrument de paix définitif, commence par faire brûler le sceau impérial pour bien marquer que c'en est fini de la suzeraineté de Pékin sur l'Annam !

Au milieu de ce gâchis et sur la foi des instructions de M. Fournier, le général Millot envoie, le 22 juin, le colonel Dugenne pour occuper Lang-Son. On sait la surprise de Bac-Lé, le retour précipité de la colonne, l'abandon de ses prolonges, etc.

La légèreté de Ferry éclatait déjà à plein dans toutes les causes diplomatiques de l'aventure (1).

L'affaire de Bac-Lé demandait ample informé, sérieuse enquête.

Le général Millot lui-même, sur les lieux, n'osait dire s'il y avait malentendu dans la négociation ou guet-apens militaire.

Ferry, sans rien savoir, saute plus avant encore dans

---

(1) En face de cette incurie et au sujet de l'affaire de Bac-Lé, il est permis de montrer combien avait été prudent M. Bourée, si rudement malmené par Ferry et Challemel, quand il stipulait dans sa convention qu'une rencontre entre les troupes françaises et chinoises, dont les négociateurs ignoraient les situations exactes, ne serait pas considérée comme entraînant la rupture des négociations.

l'inouï : il monte le 7 juillet 1884 à la tribune de la
Chambre, et sans connaître le premier mot de l'inter-
prétation de texte, la date exacte, déclare *urbi et orbi* --
qu'il y a là un guet-apens atroce, un exemple criminel
de la mauvaise foi chinoise : il finit par les fameuses
paroles qui achèvent de peindre en lui le maître diplomate : « Ces choses-là se paient. »

C'est pour nous un débat absolument vain dans l'espèce de disputer sur la bonne ou mauvaise foi du gouvernement chinois. Si sa mauvaise foi était chose certaine, on conviendra, du reste, que Ferry et son diplomate Fournier avaient pris contre elle peu de garantie.

Mais il n'en est pas moins constant que, dès que la
Chine a reçu l'*ultimatum* lancé par Ferry le 9 juillet,
tout en arguant d'un malentendu assez plausible dans
l'affaire de Bac-Lé, elle insère dans *la Gazette officielle*
de Pékin, le 15 juillet, un décret enjoignant aux vice-
rois du Yunnan et du Kouang-Si de retirer leurs troupes
de Lao-Kai et de Langson et de les cantonner en deçà
de la frontière chinoise (1). A la réclamation d'indemnité de 500 millions que Ferry réduit quelques jours

_____

(1) *Livre jaune* (3ᵉ fascicule). — Voir aussi séance du 24 novembre 1884. Discours de M. Lockroy. — Ajoutons, ce qui
montre surabondamment l'imprévoyance de Ferry, que, relativement à la prétendue surprise de Bac-Lé, il n'avait pas envoyé à
Pékin la note additionnelle de M. Fournier sur les délais d'occupation dont la désignation avait été oubliée dans les premières négociations. Le gouvernement chinois avait en réalité
le droit d'être et de se dire très surpris de l'affaire de Bac-Lé.
M. Andrieux, dans son rapport au nom de la sous-commission
diplomatique, cite une lettre de notre ministre, M. de Sémallé,
demandant le texte des articles additionnels du traité de
M. Fournier : *la cour de Pékin ne les connaissait pas.*

après à 250, puis à 80 millions, et enfin le 3 août à 50 millions, la Chine répond en offrant, par esprit de conciliation, 3 millions 500 mille francs à titre de secours pour les victimes de Bac-Lé.

La Chine cédant sur le point essentiel aux yeux de Ferry, — l'occupation entière du Tonkin, — pourquoi Ferry continuait-il la guerre ? Pourquoi cette politique, nouvelle de fait et de nom, que Ferry caractérisait lui-même d'état de représailles, de retorsion, de politique des gages, de blocus pacifiques, de destructions intelligentes et autres propos de phraséologie mensongère ?

Après une série de fautes qui éclataient déjà trop publiquement pour le renom de son ministère, comment Ferry ne s'estimait-il pas heureux de sortir de cette folie d'une manière relativement aussi convenable ?

Nous renonçons à l'expliquer par quelque raison d'honnêteté et de bon sens.

Les faits sont là.

Il faut continuer d'assister à ce mélange innommable d'opérations militaires et de négociations aussi incohérentes les unes que les autres.

Ferry avait lancé à la Chine un premier ultimatum qui finissait le 20 juillet : au lieu de le faire énergiquement appuyer par l'escadre d'extrême Orient, comme le demandait Courbet avec tant de raison, il perd son temps en pourparlers, il lance un deuxième ultimatum allant jusqu'au 1er août.

Les Chinois en profitent « pour accomplir des prodiges d'activité et doubler leurs moyens de défense(1). »

_____

(1) Lettres de Courbet, 15 septembre 1884.

Il faut lire dans l'intéressante histoire de la campagne de mer par le lieutenant de vaisseau, Maurice Loir, qui était à bord de *la Triomphante* (1), le déplorable récit du contre-coup des négociations de Ferry sur les opérations de l'escadre de Courbet : on s'explique les cris de colère du marin que l'on plaçait devant l'ennemi et à qui l'on arrêtait le bras chaque fois que surgissait l'occasion de frapper à propos.

Si Ferry voulait la guerre, il est impossible de ne pas souscrire à cette parole de Courbet : « Après l'affaire de Lang-Son, il n'y avait qu'à bombarder les ports de la Chine, détruire ses bâtiments de guerre sans autre forme de procès. Au lieu de cela, on a diplomaté, rediplomaté, rerediplomaté. En quelles mains sont nos intérêts et notre honneur ! (2) »

Mais non, Ferry ordonne l'inertie : la situation de la division Lespès au commencement de juillet, à Tchefou, est telle que le contre-amiral ne peut même pas s'opposer à ce que les neutres transportent les troupes chinoises et la contrebande de guerre ! « C'est le comble de la démence, » ajoute Courbet (3). Ainsi fut perdue l'occasion de détruire la flotte de Shangaï.

Est-ce à dire que dans le même temps Ferry voulait la paix ? Pas davantage. C'est précisément à cette date que ses dépêches (*Livre jaune* de novembre 1885) le montrent exigeant, avec une ténacité de plus en plus vosgienne, ses 50 millions d'indemnité et repoussant les

---

(1) *L'Escadre de l'amiral Courbet*, notes et souvenirs, par Maurice Loir. Paris, Berger-Levrault.

(2) Lettres de Courbet, 15 septembre 1884.

(3) Lettres de Courbet. — Voir aussi le livre de M. Loir.

premières ouvertures du président de la République des
États-Unis qui offre la médiation américaine : disons
de suite que le 15 août et le 15 septembre 1884, Ferry
repoussera deux fois encore cette même médiation qui
s'offre — à son ineptie — comme une chance inespérée.
Le gouvernement de Washington prenait pour base de
son intervention le traité de Tien-Tsin et le principe
d'une indemnité raisonnable : on offrait comme gage
l'occupation provisoire de Kélung et un armistice de
six mois (1).

Enfin Courbet peut commencer ses opérations ! —
Mais il est trop tard. Quand l'amiral fait sa première
tentative de blocus de Formose à Kélung et à Tamsui,
il ne peut tenir à terre (6 août).

Courbet revient à l'embouchure de la rivière Min
avec l'intention de détrui : l'arsenal et les forts de
Fou-Tchéou. Ici, encore, il est trop tard. Les Chinois
ont eu le temps de masser des troupes en nombre considérable dans les défenses rendues elles-mêmes plus
formidables. L'opération de Courbet, un peu trop vantée
— l'on peut le dire, tout en rendant hommage au courage
de la flotte, — se réduit à la destruction de quelques
bâtiments légers : l'arsenal n'était pas sérieusement
atteint et un débarquement n'avait même pas été tenté.
L'opération avait même été conduite avec une trop
audacieuse imprudence : franchir une passe comme
celle de Kimpaï et s'engager dans une rivière en com-
mettant cette faute de n'être pas sûr de sa ligne de

---

(1) Rapport de M. Andrieux au non de la sous-commission
diplomatique.

retraite, ne saurait passer en effet pour une opération recommandable (23 août). Grâce aux négociations de Ferry, les Chinois avaient eu tout le temps de préparer ce qu'il fallait pour fermer la passe extérieure, torpilles comprises. Courbet le dit lui-même (1).

La suite des opérations navales, au point de vue politique et militaire, n'est pas conduite avec moins de stupide cécité.

Pour continuer cette guerre, — qui n'est pas une guerre, d'après son verbiage parlementaire, — Ferry décide que Courbet en sortant de la rivière Min ira tenter de nouveau le blocus de Formose.

Vainement, l'amiral Courbet fait à cette nouvelle incartade les objections les plus fondées : « Les évolutions d'une flotte dans les mers de Chine sont gênées, en hiver, par des brumes et des coups de vent incessants ; l'occupation de Kélung et le blocus de Formose qui en était la conséquence sont des opérations absolument inutiles et sans influence possible sur les résolutions de la cour de Pékin... » Courbet revient incessamment sur cette dernière objection dans les termes identiques les plus pressants, et cela en octobre, en novembre, en décembre 1884, en janvier, en février 1885 ; ses dépêches, ses lettres publiques ou privées montrent bien que Ferry était sans cesse averti (2).

Qu'importe à Ferry ! Le débarquement a lieu : Kélung

----

(1) Lettres de Courbet, 15 septembre 1884.
(2) Lettres de Courbet, 24 octobre, 5, 9, 22 novembre, 4 décembre 1884, 15 mars 1885 et dépêches du 3 janvier 1885 dans le rapport de M. Pichon (documents communiqués par la marine). — Voir aussi le livre du lieutenant de vaisseau Maurice Loir.

est occupé le 1er octobre. Nous sommes battus à
Tamsui. Neuf mois durant, nos forces navales et quelques mille soldats de marine resteront là immobilisés;
les vaisseaux chaque jour en perdition dans une rade
ouverte battue par tous les vents; les steamers et les
jonques chargés de troupes chinoises et de munitions
passant à travers un blocus impossible, le petit corps
expéditionnaire ravagé par les maladies, perdant *un tiers*
de son effectif (1)!

Et que fait Ferry durant toute cette fin de l'année 1884?

Ferry négocie : et quelles négociations !

Passons rapidement sur les pourparlers du 15 septembre et du 11 octobre dans lesquels Ferry réclame,
au lieu et place d'une indemnité, l'administration et l'exploitation des ports, douanes et mines de Kélung et de
Tamsui pour quatre-vingt-dix ans. L'échec du contre-
amiral Lespès à Tamsui fait clore ces négociations
d'ailleurs fort incohérentes, pour lesquelles Ferry continue à repousser la médiation des États-Unis et
recherche celle de l'Autriche (2).

Enfin, le 1er novembre, Li-Hong-Tchang lui fait
offrir l'arrangement suivant :

« En attendant la conclusion du traité de paix définitif, la France occuperait Kélung et Tamsui; les
Chinois se cantonneraient à Lang-Son et à Lao-Kaï,
laissant libres les autres places du Tonkin que les
Français pourraient occuper; après la conclusion du

---

(1) Lettres de Courbet, 4 décembre 1884. — Voir aussi le
livre de M. Loir. Le 21 juin 1835, quand la flotte évacue Formose, elle laisse près de 600 soldats, marins, officiers et adju-
dants dans le cimetière du rivage.
(2) *Livre jaune* de novembre 1885.

traité, *les Chinois évacueraient complétement le Tonkin* et les Français *Formose* ; les plénipotentiaires auraient pour mission de conclure un traité sur les bases indiquées dans la convention du 11 mai. » Enfin, entrant dans les vues de Ferry qui, depuis le mois d'août, en présence de la résistance de la Chine à payer une indemnité pure et simple en numéraire, agitait la question de savoir si le gouvernement chinois ne pourrait s'engager à faire à l'industrie française un chiffre de commandes en rapport avec le chiffre de l'indemnité, Li-Hong-Tchang ajoutait que la Chine s'obligerait à contracter en France un emprunt de 140 millions de francs remboursables en quarante ans, garanti d'abord par le revenu des douanes et plus tard par les chemins de fer, quand la France jugerait cette seconde garantie nécessaire ; la moitié de cette somme serait employée à acheter à l'industrie française des navires de guerre et le matériel métallurgique nécessaire aux chemins de fer ; l'autre moitié serait réservée pour les travaux publics ; enfin la Chine s'obligeait à recruter en France des ingénieurs et des contre-maîtres pour ces travaux. Li acceptait même que ces conditions fussent amendées dans un sens favorable à la France.

Qui le croirait ? Ferry refuse : il déclare que la Chine, en restant provisoirement à Lang-Son et à Lao-Kaï, nous prive de toute garantie pour l'exécution du traité et que d'ailleurs « la combinaison est inacceptable (1). »

Puis ne sachant que faire, acculé par le sentiment public et parlementaire de plus en plus inintelligent de

(1) *Livre jaune* de novembre 1885. Dépêches de M. Patenôtre, 1er novembre 1884.

cette politique, il se reprend à revenir aux conseils donnés par Courbet en août 1884 : il s'avise, en février 1885, que les opérations dans le Nord et dans le golfe de Petchéli pourraient vaincre l'obstination chinoise. Mais il est encore, toujours trop tard. Notre ministre à Pékin lui fait observer que, depuis huit mois, le gouvernement chinois a pu librement accumuler ses défenses, ses provisions, ses munitions dans le Nord, notamment à Port-Arthur, protégé désormais par tous les moyens que fournit la science européenne, et appeler des officiers étrangers au commandement de ses troupes et de sa flotte ; M. Patenôtre le fait souvenir aussi que la plus grande partie de la flotte française est, sur son ordre même, immobilisée à Formose. Le moment psychologique et matériel est passé (1). Alors Ferry abandonne le projet d'opérations dans le Nord, consent enfin au blocus des riz, et donne à Courbet l'ordre d'occuper les îles Pescadores, que l'amiral considérait comme une sentinelle avancée, une position politique et militaire excellente au cœur même de l'empire chinois. Les Pescadores sont occupées le 26 mars 1885. Trois mois plus tard, les résultats de l'absurde politique de Ferry nous contraindront à les évacuer.

Du côté même du Tonkin, tout dictait à Ferry, pour les opérations de l'armée de terre, des décisions particulièrement prudentes.

On demeure confondu en présence de la somme de renseignements complets, de conseils et d'avertissements pleins de sagesse qui lui étaient prodigués et

_____

(1) *Livre jaune*. Dépêches de M. Patenôtre, 1er février 1885.

qu'il a foulés aux pieds pour consommer ses dernières insanités.

Le 15 août 1884, à la veille de prendre les grandes vacances parlementaires, la majorité, si fidèle jusque-là, avait d'abord manifesté une hésitation significative ; de trois cent cinquante voix, elle tombait à cent soixante-treize, pour le vote d'un ordre du jour de confiance.

La commission du Tonkin nommée en octobre ne se montrait pas moins désireuse d'avoir un compte exact des possibilités militaires dans le delta et dans le haut Tonkin. Un témoignage considérable était rendu devant elle. Le général Millot, que les refus constants opposés par Ferry aux plus légitimes demandes avaient forcé à demander son rappel (1), venait déposer le 30 octobre 1884.

Rien de plus formellement précis et de plus convaincant que la déposition de Millot.

La question de l'occupation du Tonkin nord est immédiatement posée.

Le général répond textuellement : « Vous me donneriez vingt mille hommes que je ne marcherais pas sur Lang-Son ; les difficultés viennent des communications et des effectifs. C'est le ravitaillement qui est surtout difficile. — Je ne conseillerais pas cette expédition (2). » — Un mois plus tard, dans son rapport lu en séance publique de la Chambre, le 29 novembre, Millot exprimait exactement la même appréhension.

L'opinion du général Campenon, ministre de la

---

(1) Rapport de M. Pichon.
(2) Procès-verbal de la séance du 30 octobre 1884.

guerre, n'était pas moins nette ni moins formelle. Devant la commission du Tonkin de novembre 1883, il l'avait déjà clairement donnée à propos de l'envoi, au général Millot, d'une brigade destinée à l'attaque de Bac-Ninh : « *Si ce dernier renfort ne suffisait pas, c'est que, disait-il, nous aurions en face de nous autre chose que la question du Tonkin ; ce serait l'indice d'un danger plus grave ; il faudrait prendre une résolution énergique et faire rentrer nos troupes* (1). » Ainsi parlait Campenon quand il s'agissait de porter l'effectif du corps expéditionnaire à quatorze mille hommes. Depuis, son opinion n'avait été qu'en s'accentuant. Les instructions envoyées de sa propre main, en 1884, au général de Négrier, portaient ces mots : — *Bornez-vous au delta*. Négrier les approuvait complètement (2). Le 6 novembre 1884,

---

(1) Procès-verbal des séances de novembre 1885. Réponse de Campenon à M. Ribot, président de la commission.

(2) *Procès-verbal de la séance du 6 novembre 1884 : Lettre confidentielle de Négrier à Campenon, lue à la commission par Ferry lui-même :* « Plus j'étudie la question et plus je trouve sage ce que vous m'avez dit : — *Bornez-vous au delta* » Dans la séance du 28 novembre, Campenon dit encore à M. Ribot : « Si le succès ne répond pas à notre attente, il faudra rappeler nos troupes. » Et le 18 décembre, au même interlocuteur : « Le delta du Tonkin est un véritable marais... Si nous obtenons rapidement un succès le problème sera résolu, sinon je ne puis prédire ce qui arrivera ; mais si nous avons un insuccès, il faudra liquider cette affaire. » Et ce propos rapporté par M. H. Germain, l'ancien député de l'Ain, dans un discours aux électeurs de Châtillon-sur-Chalaronne, en septembre 1885 : « Le ministre de la guerre, M. Campenon, a dit devant moi et à plus de deux cents députés : L'expédition sur Lang-Son est une tentative coupable, une folie. Je ne m'y prêterai jamais. Je donnerai plutôt ma démission. Nous avons une frontière excellente, le delta, il faut nous en contenter. » Ça été aux oreilles de Ferry comme un incessant refrain de prudence.

devant la commission à qui cette lettre était communiquée, Campenon ajoutait: « Je résume la question ainsi: Si vous allez à Lang-Son je n'ai pas foi dans l'entreprise, ce seront de grandes pertes d'hommes et d'argent sans aucun résultat et vous montrerez de plus que vous n'avez aucun esprit de suite. » Et comme un membre de la commission insistait, le ministre répondait encore: « Quand vous reconnaissez que nous avons à assurer la police du delta, le moment est mal choisi pour pousser une pointe au nord. C'est grimper sur une échelle qui monte au troisième étage sans être assuré de la solidité des premiers échelons... Je n'engage pas l'avenir ; *mais je dis que si vous alliez en ce moment à Lang-Son, vous seriez bien heureux de pouvoir en revenir.* » Ces dernières paroles semblent prophétiques. Campenon ne se gênait même pas, dès cette époque, en son langage militaire, pour *envoyer au diable* les amiraux gouverneurs de Cochinchine qui avaient envoyé Garnier et Rivière au Tonkin et pour *crosser* la marine qui, par l'ambition de ses officiers, avait embarqué la France dans cette galère (1). Enfin, lorsque Campenon se heurte au parti pris de la politique de casse-cou, au commencement de janvier 1885, il quitte le ministère sans rien dissimuler de ses critiques publiques : il va, lui, le collaborateur de la veille, jusqu'à condamner la politique coloniale et extérieure de Ferry, dans un entretien avec un rédacteur de *l'Événement:* « Il fallait nous maintenir dans le delta et n'en point sortir, » dit

---

(1) Campenon, dans sa déposition devant la commission de 1885, a renouvelé très publiquement son blâme (séance du 28 novembre 1885).

le ministre avec insistance. Le mot fit naturellement le tour de la presse française et européenne.

Mais ceci ne faisait point le compte de Ferry.

Ce n'est pas sans un motif réel, en effet, que Ferry continuait avec tant de persistance la campagne de terre et marquait au début même de l'année 1885, en dépit des avertissements que lui donnaient tous les hommes compétents, son intention de lancer les troupes dans le haut Tonkin.

Que la région nord fut inhabitée, meurtrière, que les chemins y fussent de véritables coupe-gorges, que les rochers les plus abruptes y alternassent avec des torrents, tantôt débordant, tantôt à sec, que les coolies eux-mêmes appelassent cette contrée — *le pays où l'on ne mange pas,* — *le pays de la mort,* peu importait !

Ce que Ferry savait c'est que le commandant Rivière avait appelé le Tonkin nord — le *Tonkin-mines.*

A la tête de cette bande qui s'était déjà ruée à la conquête économique de la Tunisie, ce qu'il voulait, c'était mettre aussi le Tonkin en coupe réglée.

La commission d'enquête sur cette désastreuse campagne tirait récemment, des cartons ministériels, cette curieuse pièce annotée de la main de Ferry lui-même ; MM. Bozerian, Dietz-Monin, sénateurs, escortés du député Tondu, du trésorier-payeur général du Rhône, Chabrière-Arlès, de M. Dabry du Thiersant, etc, s'y constituaient en GRANDE COMPAGNIE FERMIÈRE DE L'ÉTAT DANS L'INDO-CHINE et demandaient non pas à la Chambre, mais à Jules Ferry en personne, comme président du Conseil et ministre des affaires étrangères :
1° *la concession pendant quatre-vingt-dix-neuf ans de*

*toutes les terres, foréts et mines vacantes de la Cochin-
chine, de l'Annam, du Tonkin et du Cambodge, ayant
un caractère domanial ; 2° le droit exclusif d'établir au
Tonkin, dans l'Annam et le Cambodge, une banque d'é-
mission, de prêt et d'escompte jouissant des droits et privilèges conférés à la banque de l'Indo-Chine par le
décret du 21 janvier 1875 ; de construire et d'exploiter
les voies ferrées dont le gouvernement français ordonnera
l'établissement ; de créer et d'exploiter les lignes de transport maritime et de navigation sur les voies fluviales, les
ports, canaux, docks et entrepôts qui pourraient être
nécessaires ; 3° le recouvrement en espèces et en nature,
conformément à la loi annamite, de l'impôt foncier, et la
réalisation en espèces pour le compte de l'État de la partie perçue en nature, moyennant une indemnité (1).* On
le voit, rien n'était oublié pour tendre la toile d'arai-
gnée du monopole sur toutes les richesses imaginables
du pays. Il est curieux, par parenthèse, d'assister à la
genèse de la grande propriété des féodaux financiers
contemporains auxquels l'exploitation de la métropole
ne suffit pas.

La forme insolite de ce document, adressé directement au président du Conseil, jette un jour déjà suffisant
sur les mœurs financières du personnage. Les opérations du sieur baron zurichois de Bavier-Chauffour,
cousin de Jules Ferry, obtenant du gouvernement
annamite, grâce à ce bon parent, d'importantes concessions minières, et en particulier les gisements houillers
de la baie d'Halung, complètent le tableau. Il y a quinze

---

(1) Rapport de M. Andrieux, au nom de la sous-commission
diplomatique.

à dix-huit mois, le sieur de Bavier-Chauffour se vantait publiquement de l'accueil que lui faisaient les autorités annamites et françaises constituées en raison de son illustre parenté ; le commandant en chef faisait mettre des sentinelles à la porte de l'habitation de ce grand voyageur qui était même hébergé à la résidence générale de Hué ! Les ministres annamites le traitaient de pair à compagnon ; on s'entendait comme larrons en foire pour l'exploitation des concessions et le partage des bénéfices ; tout marchait à souhait.

Malheureusement Rochefort, comme pour la Tunisie, vint encore, avec ses articles de *l'Intransigeant*, troubler cette association de compères.

Rien de curieux comme de voir l'effet de cette inopportune intervention de l'infatigable publiciste. L'apparition du commissaire de police dans l'arrière-boutique du recéleur ne cause pas de plus comique effroi.

Ferry jure ses grands dieux, publie des notes étonnées dans *le Petit Marseillais* (7 août 1885) : « De quoi est-il question ? Jamais *on* n'a accordé de concessions de mines à M. de Bavier-Chauffour ! Lui, Ferry, est d'ailleurs pour le système de l'adjudication publique ! M. de Bavier-Chauffour, qu'est-ce cela ? Je ne connais pas. » Ferry renie son digne parent.

— « Comment, l'on ne m'a rien concédé ! réplique de Bavier-Chauffour dans *le Figaro* (4 décembre 1885). Je proteste contre les *aberrations* de M. Ferry (*sic*) : les gisements houillers de la baie d'Halung qui m'ont été concédés sont considérables et facilement exploitables : *en désavouant des actes authentiques, M. Ferry a, dans cette circonstance, commis un abus de pouvoir inqualifiable (sic)... J'avais d'ailleurs eu l'idée d'intéresser les deux régents Thuong et Thuyet à l'exploitation : ils avaient accepté avec empressement une participation dans les bénéfices de l'entreprise (sic). »* Et de Bavier-Chauffour continue ainsi deux colonnes durant, dans son interview avec le rédacteur du *Figaro* ; il ne vient pas un seul instant à son sens moral cette réflexion que lui, proche parent de Ferry, ne pouvait honnêtement figurer dans des entreprises financières greffées sur l'aventure de son trop fameux cousin.

Le dernier mot de de Bavier-Chauffour est un vrai mot de la fin : M. de Freycinet, qui succède à Ferry, s'est montré moins bienveillant que son prédécesseur ; les concessions minières octroyées par les ministres... annamites sont discutées ou annulées. Eh bien ! l'on n'imagine pas combien les conséquences de cette poli-litique antifinancière ont été terribles, dit de Bavier : « les régents, lésés dans leurs intérêts, blessés dans leur dignité par le désaveu qui les a privés, d'un trait de plume, des avantages qui leur étaient réservés, ont été fort mécontents — et leur mécontentement a abouti à la catastrophe de Hué *(sic)* ! »

Cette explication, désormais historique, ne sera jamais trop mise en lumière.

Elle ne paraît cependant pas avoir été acceptée par le principal acteur de la révolution annamite du 4 juillet dernier, le général de Courcy, qui, dans sa correspondance avec le ministre de la guerre Campenon, marquait au front, d'un qualificatif aussi injurieux que mérité, tous les tripoteurs traînés par Ferry à sa suite et symbolisés par le propre cousin du président du Conseil, M. le baron de Bavier-Chauffour (1).

C'est bien d'ailleurs par les éhontés tripotages de la haute et basse finance que devait finir une entreprise où a été versé à flots l'épargne et le sang français? Cela n'avait-il pas commencé par une distribution de cartes du Tonkin, faite en pleine séance, aux députés, avec cette note : GROSSES PÉPITES D'OR, et par ce filet grotesque paru dans un journal ferryste : « L'or est tellement abondant au Tonkin que, dans certaines régions, on élève des canards uniquement pour ramasser dans leurs excréments, devenus un précieux guano, l'or qu'ils ont avalé en barbotant dans les ruisseaux (2). »

Voilà à quelles passions Ferry faisait appel, et par quels moyens, lui et ses pareils, avaient entrepris de relever la patrie !

---

(1) *Dépêches* communiquées à la commission des Trente-trois, par M. G.-A. Hubbard, et *déposition* de M. Lemaire, ex-résident à Hué. — Que le lecteur nous excuse de réimprimer ici les textes à un si court intervalle de leur première publication, mais il est bon de remettre sans cesse sous les yeux du public ces témoignages authentiques de la moralité d'un des grands chefs opportunistes.

Général de Courcy à ministre de la guerre,

Reçois lettre ministre de la marine, signée Rousseau. Il demande explications à propos de concessions de terrains à Queb-Do et du bassin houiller de Hong-Gay à Bavier-Chauffour. Je refuse de me mêler à ces tripotages. Tout me paraît annulé, roi précédent et ministres *prévaricateurs* enfuis ou déportés.

Général Campenon à général de Courcy.

Je partage vos opinions sur l'affaire Bavier-Chauffour.
(De Bavier-Chauffour vient de repartir pour le Tonkin : il espère y trouver Paul Bert plus accessible que de Courcy.)

(2) *L'Indépendant de l'Est,* journal ferryste de Bar-le-Duc, n° 7 (9 novembre 1884).

L'ordre de marche sur Lang-Son est donc donné, et donné par Ferry lui-même. Ici, toutes les dénégations sont impossibles ; les preuves abondent, sa culpabilité personnelle est inéludable. Le 11 décembre, à la tribune du Sénat, sur une observation du maréchal Canrobert qui exprime la crainte de voir nos troupes serrées de près dans leurs cantonnements par les Chinois, c'est Ferry qui répond : « *Le corps expédilionnaire marchera ; j'en prends ici l'engagement !* » C'est lui qui expédie directement des instructions militaires au général Brière de l'Isle, successeur de Millot. Le général Brière était ce brigadier incapable qui avait fait manquer à Millot une de ses meilleures opérations à Bac-Ninh en l'empêchant, par un retard dans un mouvement tournant, de faire prisonniers les vingt-cinq mille Chinois de la garnison ; c'était ce vrai capitan de comédie qui écrivait au ministre de la marine : « Avec dix mille de mes soldats j'irais partout, à Canton, à Pékin, je traverserais la Chine ! Ce ne sont ni cent, ni cent cinquante mille Chinois qui m'effrayent (2) ! » Le nouveau général en chef était digne du chef du ministère.

Négrier, après avoir blâmé le projet de marche sur Lang-Son, a la regrettable faiblesse d'entreprendre cette expédition. On sait le reste.

Nous n'avons pas à écrire ici, en détail, la dernière équipée guerrière de cet officier général franchissant

---

(1) Rapport de M. Pichon. *Dépêches* du résident général à Hué au général Brière.

(2) Lettre citée par le ministre de la marine au Sénat, le 11 décembre 1884.

la Porte de Chine et allant se briser contre le camp retranché de Bang-Bo, en plein territoire chinois ; nous n'avons pas à rappeler les télégrammes du même général Négrier à Brière de l'Isle, lui montrant en cette chaude affaire « son aile droite presque complètement enveloppée par l'ennemi se renforçant de plus en plus, » battant lui-même en retraite, repassant la Porte de Chine, rentrant à Lang-Son, suivi de près par « des corps considérables de troupes chinoises qui établissent leurs tentes sur la route de Dong-Dang, » télégraphiant de nouveau à Brière : « Je suis enveloppé, écrasé ; attendez-vous aux événements les plus graves. Nous manquons de tout. Ravitaillez Lang-Son par tous les moyens, même les plus héroïques ; » faisant, le 28 mars, « en prévision d'opérations, distribuer six jours de vivres » à ses soldats, obligé ce même jour de repousser « une grande attaque enveloppante sur ses deux ailes (1), » blessé enfin et laissant au colonel Herbinger le commandement d'une troupe sur l'ébranlement moral de laquelle il est inutile d'insister : nos souvenirs de 1870 sont encore trop proches.

Nous n'avons pas à débattre non plus avec le rapport du colonel Borgnis-Desbordes la conduite plus ou

---

(1) *Rapports* du général Négrier sur les opérations du 22 au 28 mars. — *Télégrammes* de Négrier au général Brière communiqués à la commission du crédit de 200 millions pour le Tonkin et vus par M. Henri Germain, alors député de l'Ain et membre de la commission (discours cité aux électeurs de Châtillon-sur-Chalaronne). — Voir aussi les *télégrammes* de Négrier altérés par Ferry dans la séance du 26 mars 1885, et rétablis dans leur texte intégral par MM. Rivière et Pichon, d'après les pièces trouvées aux archives des ministères de la guerre et de la marine.

moins vigoureuse du colonel Herbinger. L'ex-professeur à l'École de guerre était vraiment plutôt un officier de manuel qu'un commandant de troupes en campagne, et tout en repoussant loin de nous les accusations ignominieuses du général Brière, il nous sera cependant permis de regretter qu'au lieu de se trouver en mars 1885 à la tête de la colonne de Lang-Son, M. Herbinger ne commandât point, en juin 1884, la colonne de Bac-Lé : il aurait trouvé là une occasion plus appropriée à ses facultés.

Mais ce qui ressort avec la dernière évidence dans cette lamentable déroute, c'est la responsabilité de ce criminel Ferry compromettant la sûreté du corps expéditionnaire lui-même et faisant rejaillir, jusque sur les chefs de l'armée, la triste éclaboussure de son incapacité.

Et pendant ce temps, que fait-il ?

Il a repris depuis la fin de février de nouvelles négociations par l'intermédiaire des agents anglais ; toujours attaché à l'idée d'indemnité, il l'a réintroduite dans ses pourparlers sous forme d'avantages commerciaux inscrits à titre d'articles formels dans le projet de traité et notamment sous forme de commandes métallurgiques à l'industrie française (1), revenant ainsi aux propositions

---

(1) *Livre jaune* de novembre 1885. — Voir dépêches de Ferry du 9 et 12 mars 1835.— Ferry, dans une récente lettre au *Temps* (20 décembre 1885), a voulu, à propos du rapport de Camille Pelletan, nier qu'il avait fait de l'indemnité, sous une forme ou sous une autre, une condition *sine qua non* du traité définitif. C'est un mensonge impudent à ajouter à ceux dont il a déshonoré la tribune pendant ses deux ans de pouvoir. Camille Pelletan n'a pas eu de peine à mettre de nouveau l'impudence et la mauvaise foi de Ferry en évidence ; il n'a eu qu'à lui citer s.s propres dépêches du 3 et du 5 août 1834 et celles du 9 et du 12 mars 1835.

si favorables faites par Li-Hong-Tchang le 1er novembre 1884, que dans son ineptie il déclarait inacceptables.

Enfin Ferry va couronner son œuvre par un acte qui jugerait à lui seul la moralité et la valeur politique de son trop long ministère.

Sous le coup des nouvelles de l'échec de Négrier à Langson le 24, et de la fuite d'Herbinger le 28 mars, il a l'infamie de télégraphier à l'ambassadeur français, à Berlin, c'est-à-dire à M. de Bismarck, pour réclamer « le précieux concours » de la Prusse (1).

_____

(1) Qu'ici encore le lecteur nous permette de citer intégralement des textes qui font désormais corps avec l'histoire du haïssable personnage qui, dans son passage aux affaires, a compromis pour longtemps la sécurité du pays et sali l'œuvre de sa reconstitution morale.

Voici le texte de ces dépêches trop connues, telles qu'elles se trouvent au *Livre jaune* et dans le discours prononcé par M. Clémenceau le 14 décembre dernier :

Le baron de Courcel, ambassadeur de la République française à Berlin, à M. Jules Ferry, président du Conseil, ministre des affaires étrangères.

(Télégramme.)

« Berlin, le 27 mars 1885.

« J'ai eu avec le comte de Hatzfeld un entretien au sujet du dessein qu'aurait formé le Japon d'entrer prochainement en lutte avec la Chine en Corée, et il m'a demandé ce que nous en pensions, en me donnant à entendre qu'il était possible que des démarches fussent faites pour engager l'Allemagne à s'entremettre entre les deux parties. J'ai répondu que j'étais sans informations à ce sujet, mais que je vous en référerais. En mon nom personnel, j'ai fait la remarque que, certainement, tant que les hostilités se prolongeraient entre nous et la Chine, nous ne pourrions pas voir d'un mauvais œil une diversion tentée contre cette dernière par une puissance tierce.

« ALP. DE COURCEL. »

En vérité, Paris aux mains de cet homme, en 1870, était bien gardé !

Chose bizarre, dans certains foyers républicains de l'Est, cette turpitude dernière n'a point étonné ! Elle s'explique fort bien au contraire. Chez Ferry, le sang du vieux briquetier de Robache qui se gaussait et festoyait avec les Prussiens de 1815 ne s'est pas démenti.

Réponse de M. Jules Ferry :

M. Jules Ferry, président du Conseil, ministre des affaires étrangères, au baron de Courcel, ambassadeur de la République française à Berlin.

(Télégramme.)

« Paris, le 29 mars 1885.

« J'approuve en tous points votre langage au comte de Hatzfeld. Une intervention de l'Allemagne en faveur de la Chine et contre le Japon, à l'heure actuelle, nous enlèverait une de nos meilleures chances de paix. Si, au contraire, l'Allemagne donnait à la Chine un conseil autorisé, nos affaires pourraient se régler rapidement.

« Sous cette forme, le concours de l'Allemagne nous serait précieux et n'aurait rien que de conforme aux intérêts allemands et aux vues du chancelier, qui doivent être pacifiques en Chine comme en Europe. »

Dans une nouvelle lettre au *Temps* (26 décembre 1885) Ferry a encore voulu équivoquer non pas sur le jour, mais sur l'heure à laquelle il avait envoyé son télégramme à Berlin, prétextant qu'il ne connaissait pas encore la désastreuse dépêche du général Brière, et se plaignant de la manière dont l'orateur de l'extrême gauche « écrivait l'histoire. » Le reproche est plaisant dans cette bouche ! Qui peut croire Ferry et surtout *quis tulerit — Ferry — de fraude qui.rentem ?*

La vérité c'est que la dépêche de Brière était arrivée *le 29 à six heures du matin au ministère de la guerre :* c'est Ferry lui-même qui l'a dit dans sa déclaration du 30 mars ; il connaissait donc cette dépêche quand il a télégraphié à M. de Courcel.

Ferry a d'ailleurs l'on ne sait combien d'intimes fami-
lialement casés outre-Rhin ; ses voyages privés dans les
pays rhénans ne sont un secret pour personne là-bas.
Il se trouve dans sa *gens* des Wurtembergeois de
Stuttgard, des Prussiens de Munster. Il paraît même
qu'on prise volontiers dans son entourage particulier
ces alliances extrafrançaises.

Nos correspondants des Vosges nous citent ce fait
caractéristique de l'esprit qui règne dans ce milieu :
un proche cousin de Jules Ferry, M. Edouard Ferry,
avocat à Saint-Dié, ne trouvant rien de mieux que
d'aller habiter Strasbourg — après l'annexion, — se
faisant marchand de bière avec son beau-père dans
le faubourg de Schiltigheim ; ils ajoutent que ce Vosgien
est fournisseur — de la buvette du Parlement provincial...

De l'ordre privé aux choses d'intérêt public, il n'est
qu'un pas.

On s'expliquera peut-être mieux maintenant, par ces
traits de mœurs et de caractère, le servilisme honteux du politicien français pour le grand homme de
Varzin !

En vérité, la politique étrangère était bien aux mains
de ce ministre des affaires prussiennes ! Avec lui et
M. Lewal la trouée des Vosges était bien défendue !

Enfin nous voici arrivés au jour de cette trop tardive
chute !

C'est le 30 mars.

Le 29, dans l'après-midi, la presse a jeté aux rues
son cri d'alarme.

Tout Paris, enfin secoué de sa torpeur, le cœur battant d'une furieuse indignation, lit et commente le télégramme affolé de Brière, qui n'allait plus maintenant à Canton, ni à Pékin. Cette fois la dépêche était là sous les yeux de tous, impossible à cacher, à falsifier.

Ferry, le mensonge fait ministre, n'a pu la détourner comme il faisait, en novembre, quand il gardait pendant vingt jours la nouvelle du siége de Thuyen-Quan ; comme la veille, le 26, quand il altérait le texte de Négrier pour arracher encore un vote de confiance à la majorité stupide et antipatriotique qui, pour sauver son patron électoral, s'occupait peu de perdre la France.

Ferry monte à la tribune ; il essaie de payer d'audace, il débute par ces incroyables paroles : « Les espérances qu'autorisaient encore les dépêches du général Brière, arrivées le 26, ne se sont pas réalisées... » Il continue en demandant le vote d'un crédit de 200 millions pour la guerre de Chine ; il termine en déclarant que le vote de ce crédit n'implique pas un vote de confiance... pour lui.

Les frémissements d'indignation mal contenue de la majorité de l'Assemblée lui prouvent combien ces derniers mots étaient inutiles. Au moment où il parle de l'honneur de la France, il est interrompu par un effroyable tumulte. « Qui l'a compromis notre honneur ? » lui crie Georges Périn. De toutes parts les imprécations du patriotisme éclatent.

Clémenceau s'élance à la tribune : « Toutes les mesures urgentes pour le salut de l'armée doivent être prises, dit-il, mais nous ne connaissons plus les hommes qui sont au banc ministériel ! — Ce ne sont plus des ministres que nous avons devant nous : ce sont des accusés ! » (Un tonnerre d'applaudissements couvre cette apostrophe. A ce moment Tony Révillon, Gaillard, M. Raoul Duval se lèvent et montrent Ferry et Raynal affectant de ricaner d'un air sottement impudent ; le tumulte redouble.) « Oui, continue Clémenceau, des accusés de haute trahison, sur qui, s'il y a un principe de justice en France, la main de la loi s'étendra avant longtemps ! »

Ferry ne peut plus se méprendre sur son sort ; il veut pourtant résister encore. Avant toute discussion sur le ministère, il demande la priorité pour le débat sur le crédit.

308 voix la refusent.

Enfin le ministère est écroulé.

Laisant dépose sa demande de mise en accusation.

Ferry se lève, blême, livide, les yeux hagards, les lèvres blanches d'une mauvaise bave, l'allure effarée, lâchement piteuse de celui qui a peur et qui voudrait se venger, il sort de la salle suivi de Raynal, Waldeck et autres complices. A droite et à gauche, c'est un effroyable tumulte de colère, une véritable trombe de furieux reproches, d'injures, de malédictions de patriotes. Partout on n'entend que — menteur ! — bandit ! — filou ! — A Mazas, l'assassin ! — A la Conciergerie, le faussaire ! — Les tribunes prennent part à l'exécution.

Le parlementarisme du président Brisson n'ose se scandaliser publiquement cette fois.

Au dehors, une foule énorme assiège l'entrée du Palais-Bourbon et du ministère du quai d'Orsay : elle

donne aux députés une formidable réplique. Les cris
de : — A mort, Ferry ! — A l'eau, Ferry ! — A
bas l'opportunisme ! — Vive la France ! Vive la République ! — sortent de vingt mille poitrines de citoyens.

Il ne reste plus maintenant, au cabinet qui succède,
qu'à signer la paix avec la Chine.

« Quelle paix allons-nous conclure dans des conditions aussi déplorables ! » écrivait l'amiral Courbet au
ministre de la marine, M. Peyron (1).

Les insanités de Ferry l'ont rendue aussi défavorable
qu'elle sera boiteuse.

La France gardera le Tonkin, — que le nouveau
général en chef du corps expéditionnaire, M. de Courcy,
propose précisément dans ses dépêches (2), un mois
après la signature de la paix, d'évacuer en totalité !

D'indemnité, — il n'en est même plus question sous
forme financière ou industrielle. La paix est inférieure
à celle de Tien-Tsin, à celle du lendemain de Bac-Lé !
Plus d'exploitation de mines, de douanes à Formose !
Plus d'appel *obligatoire* à la métallurgie française, aux
ingénieurs français !

Et comme dernière clause, pour couronner l'aventure, les plénipotentiaires français seront forcés de
s'incliner devant la Chine, d'évacuer les îles Pescadores, aux cris d'amertume, de découragement et de
colère de Courbet et de son escadre, indignés de voir
tant de fatigues, d'efforts et de sang inutiles (3) !

_____

(1) Lettre de Courbet, 7 mai 1885.

(2) Dépêches de Courcy, 26 juin, 21 juillet, 2 mars 1885.

(3) Lettres de Courbet, avril et mai 1885. — Voir aussi
Maurice Loir, op. cit.

Après cela, il est inutile de parler de Madagascar ; les mêmes fanfarónnades et les mêmes platitudes, les mêmes incertitudes et les mêmes coups de tête, les mêmes prétentions et les mêmes reculs s'y retrouvent (3).

Telle était l'œuvre de Ferry à l'extérieur.

---

(1) *Livre jaune* publié par M. de Freycinet (février 1886). — Voir dépêches de Ferry du 28 mars, 3 avril, 18 avril 1884, et correspondance de M. Baudais et de Ferry sur les pépites d'or découvertes à Madagascar.

XIII

Jules Ferry en villégiature à Sorrente. — Ses lettres.
— Son dernier discours à la Chambre; théorie de la
guerre perpétuelle. — Campagne électorale de Ferry.
— Ses discours à Bordeaux et à Lyon. — Une élection
officielle dans les Vosges le 4 octobre 1885.

« Si nous voulons nous prémunir contre le retour de
ce qui nous est arrivé, contre des désastres pareils à
ceux qui sont tombés sur la France, il y a un peu plus
de dix années, il faut réagir contre ce sentiment : l'af-
faiblissement de la responsabilité ! »

Ainsi parlait à la tribune, le 30 juin 1881, le successeur de Jules Ferry, Henri Brisson.

Qui osera bien parler de responsabilité publique en
France désormais ?

La seule sanction qui ait atteint Ferry a été le démé-
nagement du palais du quai d'Orsay.

L'inepte et criminel personnage en a été quitte pour
retourner tranquillement, aussitôt après sa chute, au
chalet de Foucharupt.

A Saint-Dié, dans un banquet de conseillers généraux, il disait, en style de matamore : « Je suis venu
ici pour faire voir que je ne mets pas la frontière entre

moi et mes accusateurs!... » Et quelques jours après,
le héros, peu rassuré sur l'accueil réservé aux propositions de poursuites, allait faire la sieste à Sorrente. Les
villégiatures d'avril et de mai, sur le golfe de Naples,
sont justement réputées comme des plus plaisantes par
les touristes et les poètes.

C'est de là qu'il enflera la voix et écrira ces lettres
de laquais furieux et chassé !

Déjà, avant son départ, on avait eu l'épître : *A un
groupe d'électeurs du canton de Raon-l'Étape* (*Vosges*),
puis la missive au *Républicain de l'Isère*, enfin l'autre
missive au président du *Cercle du commerce de Lons-
le-Saunier* : il eût, dans son expansion, écrit à l'appa-
riteur de police de Robache lui-même.

De Sorrente, ce fut, entre autres, la grande lettre à
M. Henri Lavertujon, directeur du *Petit Centre*, à
Limoges.

Dans toutes, c'était cette même insolence, cet aplomb
impudent qui cherche à en imposer, ce ton de grossiè-
reté, assez inusité chez les politiciens, décelant une
rage mal contenue, et un mauvais désir de se venger.

A tous il répétait, presque dans la même formule,
dans le même patois : « La politique du cabinet tombé
lui survivra ; elle avait l'appui de la grande majorité
du pays républicain qui, moins que jamais, à cette
heure, comprendrait qu'un changement dans les personnes entraînât un changement dans la direction. »

Et encore : « Nous avons quitté le pouvoir sans
regrets, parce que nous laissons à nos successeurs une
œuvre terminée, que nous avons résolu toutes les
questions difficiles qui s'étaient imposées à nous quand

nous avons pris les affaires, y compris cette grande entreprise du Tonkin — que nous n'avons pas engagée — et qui se termine à cette heure par une paix que nous avons su faire et négocier. L'histoire jugera ces choses. »

Il est inutile de relever l'outrecuidance prodigieuse de ce politicien, accablé sous les plus désastreuses fautes, n'en voulant point démordre, invoquant l'histoire où malheureusement des noms tels que le sien prennent place, parlant de cette paix que nous venons d'apprécier, et en osant tirer orgueil, cherchant à rejeter sur autrui la responsabilité de l'expédition même, lui qui avait trouvé la paix faite par MM. Duclerc et Bourée, et l'avait stupidement rompue !

Mais la lettre de Sorrente l'emportait sur toutes les autres.

Le correspondant de Ferry l'avait imprudemment invité à reparaître à la Chambre et à combattre lui-même, du haut de la tribune, la mise en accusation déposée contre le cabinet. M. H. Lavertujon s'était trompé. C'était trop crâne. Ferry entendait rester à Sorrente : des *raisons péremptoires* (sic) lui dictaient cette inébranlable résolution.

Je n'ai jamais reculé devant aucune discussion, disait-il, et je suis prêt à ajouter de nouveaux discours à tous ceux que j'ai faits sur les affaires du Tonkin. Mais les propositions de mise en accusation ont un caractère particulier : non seulement elles sont ineptes et odieuses, mais elles sont outrageantes. Je n'admets pas qu'elles puissent faire l'objet d'une discussion sérieuse que je puisse accepter, même pour un instant, le rôle d'accusé devant la Chambre, plaidant *non coupable* avec les pires ennemis de la République comme accusateurs. J'ignore pour quelles raisons un certain nombre d'amis du dernier cabinet lui conseillent de prendre cette attitude; je la considère, quant à mói, comme attentatoire à notre dignité. A aucun prix je n'accepte un rôle dans cette triste parodie.

Savez-vous bien, monsieur, que cette étrange procédure fait de nous la risée de l'Europe ? Si l'expédition du Tonkin fut un crime politique, la première chose à faire serait de rendre le Tonkin, comme l'Angleterre évacue le Soudan. Mais, au moment où la possession de cette riche province nous est définitivement acquise, quand la paix se conclut avec la Chine sur les bases par nous-mêmes établies, quand la politique militaire et diplomatique que nous avons poursuivie est justifiée par le succès, intenter un procès criminel au ministère qui a conduit et fait aboutir toute l'entreprise, n'est-ce pas un défi au bon sens, à la morale, au patriotisme ?

Ferry avait vraiment tort de tant craindre et de se si fort démener.

Les menaces de mise en accusation n'avaient été qu'un effet oratoire pour les galeries.

Depuis, M. Brisson n'a pas été le seul à se contenter du voyage à Sorrente comme sanction de responsabilité ministérielle.

Tranquille désormais, Ferry rentra.

La paix, — sa paix, digne conclusion de sa guerre, — venait d'être signée le 9 juin : il lui était loisible de venir ajouter, comme il disait, de nouveaux discours à tous ceux qu'il avait déjà faits sur le Tonkin.

Étrange retour de la valeur de Ferry ! Cet homme qui, depuis quatre mois, remplit les colonnes des journaux de sa littérature épistolaire, de ses bravades, de ses défis, de ses fanfaronnades, se tait maintenant.

Le 6 juillet, Clémenceau peut monter à la tribune discuter le projet de traité de paix, montrer les insanités commises, dévoiler l'incapacité, l'ineptie, la trahison, adresser au Ferry les sommations les plus directes.

Ferry ne répond rien.

Bien plus, Ferry n'est même pas là, à sa place, dans la salle.

Mais pour le dessin à la plume de cette inoubliable séance, nous laissons faire ce spirituel publiciste que ses courriers parlementaires classent, depuis plus de cinq ans, parmi les premiers écrivains politiques de la presse parisienne, Édouard Durranc.

« J'ai deux séances à raconter, écrivait Éd. Durranc le soir du 8 juillet : une à la tribune, une dans les couloirs. J'en demande bien pardon à ceux de nos amis qui ont parlé à la tribune, la séance qui se tenait dans les couloirs est la plus intéressante des deux. Malheureusement les sténographes n'ont rien noté. L'*Officiel* n'en dira pas un mot. C'est grand dommage. On a dit d'excellentes choses du haut de la tribune. Le pays lira tous ces discours. Mais le pays ne verra jamais l'éloquente scène qui se passait dans la coulisse.

« Il y avait là un homme qui s'était affalé sur une banquette, contemplant mélancoliquement les colonnes de pierre qui soutiennent l'édifice. De temps en temps, il venait de la salle des séances quelqu'un qui interpellait avec véhémence ce singulier personnage. On nous a rapporté quelques-unes de ces interpellations :

« — Monsieur, ce n'est pas ici que se tient la séance !

« Un autre a été plus dur :

« — Monsieur, que faites-vous là ? Depuis une heure on vous traîne dans la boue.

« Vers cinq heures et demie, il en est venu un troisième que je puis nommer, — M. Langlois. — Il était suivi de deux ou trois ambassadeurs choisis parmi les plus importants personnages de l'Union républicaine. M. Langlois, nous l'avons tous vu partir de la salle des séances, parce que M. Langlois n'a pas le départ discret, comme ses camarades. Il a le départ tempétueux.

« Il paraît que la dernière ambassade n'a pas été moins sévère que les deux autres. Elle a dit au personnage qui siégeait derrière les colonnes du palais :

« — On nous déshonore sur votre dos. Allez-vous vous défendre, oui ou non ?

« Et l'on a vu alors l'ambassade ramener dans la salle des séances le personnage qui semblait suivre le chemin de Mycène. Une nombreuse escorte où nous avons remarqué MM. Rouvier, Ranc, Thomson, Langlois, le gardait à vue. Il y a dans *les Châtiments* une pièce à « *un qui veut se détacher.* » Le personnage en question avait l'air d'être tenaillé par le même tourment. Tout dans sa démarche révélait la nostalgie d'être ailleurs. Tous les regards se portèrent avec curiosité sur ce singulier cortége, et l'on vit le captif aller s'asseoir à son banc.

« C'est tout ce que ses amis et ses complices ont obtenu de lui. »

Ainsi parlait Ferry. Il avait, ce jour-là, l'orgueil de son œuvre !

Cependant, ses amis et complices ne l'entendaient point de cette oreille.

M. Rouvier, un des collaborateurs de Ferry, un des plus responsables dans l'insanité de la politique coloniale, vint plaider la fatalité ; c'était la nécessité de

faire respecter le drapeau qui nous avait forcés à colo-
niser, et à faire, malgré nous-mêmes, la grande politique
du Tonkin. « Jamais, avait dit textuellement ce mala-
droit ami, — qui plaidait non coupable, celui-là, — il
ne s'est trouvé dans ce pays ni un homme d'État, ni
une majorité qui, ayant un plan préconçu, ait décidé à
aucun moment qu'il fallait partir à la conquête d'un
territoire éloigné. Si une telle conception pouvait nous
être imputée, si c'était là ce que vous appelez la politique coloniale, la politique des expéditions lointaines,
la politique d'aventures, vous auriez eu bien raison
de la condamner. »

C'était publiquement jeter Ferry cul par-dessus tête.

Ce coup de pied de Rouvier remua l'âme de Ferry.

Alors, prenant son courage de Sorrente à pleine
langue, Ferry se décida à parler.

L'impuissance d'une défense osable, plausible, sus-
ceptible d'être non pas même comprise, mais écoutée,
avait un instant clos cette bouche barbouillée d'impudeur et toujours ouverte aux mensonges: finalement on
le vit trouver, dans l'excès même de son abaissement,
la résolution désespérée de défier, de mentir, d'insulter
encore.

Comme ces pires malfaiteurs qui n'ont plus rien à
risquer ni à perdre et jettent leur soulier à la tête du
juge, Ferry vint encore cracher à la face et à la conscience des députés du pays la suprême injure de sa
dernière parole.

Chose inouïe, lugubre, plaisante, accablante! Il fut
écouté. Oui, ce malfaiteur public trouva un auditoire,
des applaudissements. Il le prit parfois sur le ton des

grands politiques. Il fit plus : il philosopha, il dogma-
tisa, il pontifia.

Quinze ans après 1870, voici ce que cet homme osa
dire :

Messieurs, dans l'Europe telle qu'elle est faite, dans cette
concurrence de tant de rivaux que nous voyons grandir autour
de nous, les uns par les perfectionnements militaires ou mari-
times, les autres par le développement prodigieux d'une population incessamment croissante ; dans une Europe, ou plutôt
dans un univers ainsi fait, la politique de recueillement ou
d'abstention, c'est tout simplement le grand chemin de la décadence !

Les nations, au temps où nous sommes, ne sont grandes que
par l'activité qu'elles développent, « *ce n'est pas par le rayon-
nement pacifique des institutions...* » (Interruptions à l'extrême
gauche et à droite) qu'elles sont grandes à l'heure qu'il est. .

. . . .

Rayonner sans agir, sans se mêler aux affaires du monde, en
se tenant à l'écart de toutes les combinaisons européennes, en
regardant comme un piège, comme une aventure toute expansion vers l'Afrique ou vers l'Orient, vivre de cette sorte pour
une grande nation, croyez-le bien, c'est abdiquer, et dans un
temps plus court que vous ne pouvez le croire, c'est descendre
du premier rang au troisième ou quatrième. (Nouvelles interruptions sur les mêmes bancs. — Très bien ! très bien ! au
centre.)

Le gouvernement républicain a montré qu'il comprenait bien
qu'on ne pouvait pas proposer à la France un idéal politique
conforme à celui de nations comme la libre Belgique et comme
la Suisse républicaine, qu'il faut autre chose à la France ;
qu'elle ne peut pas être seulement un pays libre, qu'elle doit
être un grand pays exerçant sur les destinées de l'Europe toute
l'influence qui lui appartient, qu'elle doit répandre cette
influence sur le monde, et porter, partout où elle le peut, sa
langue, ses mœurs, son drapeau, ses armes, son génie ! (Applaudissements au centre.)

Ainsi la politique normale d'une démocratie, et —
d'une démocratie comme la France — sortant à peine

des ruines militaires, financières, organiques d'un
désastre tel que Sedan, Strasbourg et Metz — est l'état
de guerre permanent ! Foin d'une *politique de pot-au-
feu*, dira-t-il plus loin en parlant de la politique de
paix défendue par l'extrême gauche ! D'ailleurs, ajoute-
t-il en terminant, pourquoi la France aurait-elle une
marine, sinon pour conquérir des colonies ? Ce n'est
pas la marine qui est faite pour l'empire colonial, mais
l'empire colonial qui est fait pour la marine.

C'est sur ces cyniques arlequinades que finira la
législature de 1881-1885.

Nous arrivons aux élections générales et à la campagne électorale qui les précède.

Ferry, désormais sûr de pouvoir tout dire et tout
oser, ne se gêne plus avec le pays. M. Clémenceau
avait entrepris un brillant tour de France oratoire.
Ferry lui donnera la réplique.

« On verra, dit-il, qui, du Breton ou du Vosgien, est
le plus entêté. »

Sans donner plus d'attention qu'elles ne méritent
aux manifestations de Ferry à Lyon et à Bordeaux, on
ne peut pas ne pas remarquer son insistance à élever à
l'état de doctrines magistrales, de thèses de gouvernement toutes les pantalonnades, toutes les contradictions,
les équivoques, les mystifications, les palinodies, tous
les mensonges dont sa trop longue vie publique est
piquée.

A la Chambre, il avait lourdement raillé la politique
du « pot-au-feu. » La raillerie n'avait guère été goûtée
de l'opinion publique. Ferry ne s'embarrassa guère de
sa déclaration de guerrier. Le 9 août, à Lyon, il dira :

« Les expéditions lointaines sont finies... Un gouvernement qui se donnerait pour occupation l'entreprise
incessante d'opérations militaires à trois mille lieues de
distance serait un gouvernement à mettre aux Petites-
Maisons. »

Dans son inepte et furieux discours du Havre, il
avait sonné l'attaque contre les radicaux; maintenant
les radicaux ont du bon ! « Je n'ai pas peur des idées
avancées, clame Ferry. Je ne redoute ni les programmes
ni les esprits avancés ; je n'ai peur que des esprits agi-
tés et turbulents, que des brouillons !... Les Lyonnais
sont une démocratie d'avant-garde. Ils sont des radicaux, et radicaux ils restent et auront raison de rester !»
Oui, on pourrait peut-être s'entendre entre ferrystes et
radicaux.

Et ainsi du reste.

Dans cette phraséologie avocassière et notamment
dans les discours de Bordeaux, le 30 août, nous relève-
verons encore ce misérable argument prêté par Ferry
aux populations des campagnes pour repousser la
séparation de l'Église et de l'État. Ce *petit raisonnement
terre à terre* (sic) au point de vue du suffrage universel
rural donne une idée suffisante de la portée d'esprit de
son auteur.

On va supprimer le budget des cultes, dit Ferry par la
bouche de son pseudo-villageois : est-ce qu'on nous rendra les
quarante-cinq millions de ce budget ? Non. On les consacrera
aux écoles, à des œuvres de bienfaisance très libérales, excellentes, mais on ne nous donnera pas cet argent ; et, d'un autre
côté, si le budget des cultes ne figure plus sur la cote du percepteur, chacun de nous connaît bien le *percepteur* qui se pré-
sentera à domicile pour faire la collecte, et nous savons bien

quel accueil lui sera fait : on ne pourra pas refuser de lui donner ce qu'il demandera.

Nous plaignons les adeptes de cette logique villageoise : ils connaissent peu le vieux terroir de notre démocratie rurale. La vérité est que le paysan renverra promptement le curé frapper aux huches mieux garnies que la sienne.

Rappellerons-nous aussi cette conception ultra-autoritaire du gouvernement de la démocratie en France, conception qui est la négation de toute liberté politique et municipale et l'obstacle à toute initiative individuelle !

Le suffrage universel veut un gouvernement non seulement pour assurer le maintien de l'ordre ; il réclame quelque chose de plus. Il veut que son gouvernement se réserve toutes les grandes initiatives ; il a coutume de regarder en haut, en vertu d'habitudes séculaires, pour chercher la direction suprême, l'orientation véritable de la politique du pays, et comme dans ce pays, le gouvernement réside dans les deux Chambres, vous saisissez tout de suite l'intérêt supérieur qui nous fait une loi de donner au pouvoir ministériel, qui doit être la représentation vivante du Parlement, la plus grande somme d'autorité possible.

Cette conception politique qui est l'application pure et simple du césarisme bonapartiste, dont la restauration avait été rêvée et même réalisée par Gambetta, maintient une centralisation gouvernementale telle que les pays placés sous un régime despotique n'en connaissent point d'autre ; mais quant à comprendre qu'elle puisse devenir la raison de l'ordre des choses dans une démocratie libre, nous y renonçons à jamais.

En dehors des motifs d'organisation intérieure, il est des motifs plus graves peut-être, puisqu'ils touchent à l'existence même de la patrie, qui doivent faire rejeter bien loin les vues bornées d'un Ferry. Au point de vue même de la défense du pays, on a vu ce que valent les prétendus gouvernements forts. Quel pouvoir politique fut jamais plus centralisé, plus intact, plus obéi que celui du second empire? Ce pouvoir si fort s'effondre en une heure, disparaît, et désormais la France sans pensée, presque sans âme, est à la merci de l'ennemi, des trahisons de ses généraux; plus de point de repère, plus de point d'appui. Qu'est-ce que ce pays depuis les premières défaites d'août jusqu'à la reddition de Paris, sinon une manière de chaos social, militaire et politique? Dites, à côté de cela, ce qu'eût été la défense nationale avec de fortes institutions décentralisatrices, locales, provinciales, municipales, vivifiant depuis de longues années une population éveillée à ses besoins, jalouse de sa liberté vis-à-vis le gouvernement, de son indépendance vis-à-vis l'étranger.

Mais à quoi bon disserter ainsi? l'âme d'un Ferry fut-elle jamais ouverte à ces hautes et saines pensées? C'est vraiment oublier que l'on parle d'un de ces hommes qui ont cassé les reins de la défense dans Paris assiégé, d'un de ces patriotes qui ont donné l'ordre d'arrêter Gambetta pour clore la résistance de 1870!

Où nous le retrouvons tout entier, égal à lui-même, personnifiant bien le génie de l'apostasie, c'est quand il finira son discours de Bordeaux, en faisant du programme de 1869, ce drapeau de la démocratie victorieuse et vaincue, ce que son émule militaire, Bazaine, faisait à Metz des drapeaux de l'armée.

Tout le jésuitisme cynique de ce faux républicain éclate dans cette définition entortillée du plan organique de la démocratie:

> Le programme de 1869 présentait deux caractères particuliers : c'était avant tout, sous une forme législative, la négation du pouvoir impérial; c'était la forme de ce qui s'appelait alors la politique irréconciliable; il s'agissait alors de désarmer le pouvoir impérial, de lui enlever pièce à pièce toute l'autorité dont il pesait sur le suffrage universel par la candidature officielle, sur la presse et sur les réunions par les lois répressives que vous connaissez, sur la justice, sur l'armée, sur le clergé. Le programme de 1869, c'était, en définitive, sous une forme légale, la déchéance de l'empire par le désarmement progressif, continu du pouvoir impérial.

Que peut bien signifier cette phraséologie ? Et vaut-elle la peine de demander quel sens possède un programme d'opposition s'il n'a celui de remplacer, pièce à pièce, le programme même du gouvernement qu'il attaque?

Pour Ferry, le programme de 69 n'avait donc d'autre objet que de provoquer l'empire, de piquer au sang l'empereur et l'impératrice, d'ennuyer les préfets.

Le programme de 69 ! Mais c'était une guerre de plume, tout simplement; quelque chose comme une seconde édition de *la Lanterne*, — pas autre chose.

Nous préférons cependant la définition qu'en avait faite, de ce gênant programme, le même Ferry dans une conversation semi-publique avec Floquet : « Peuh! ce sont des blagues (*sic*) qu'on soutient dans sa jeunesse ! »

La péroraison du discours de Bordeaux à peine finie, Ferry rentra dans les Vosges.

Ici la note change.

Au milieu de « ses pays », Ferry ne se croit plus astreint à servir aux auditeurs un cours hebdomadaire de philosophie opportuniste.

La lutte avec ses vilenies de petite ville, ses mesquines ruautés de petits journaux, éclate plus âpre, plus personnelle, plus injurieuse que jamais.

Cependant, au milieu de cette campagne de Ferry *pro aris et focis*, ressort une préoccupation obsédante qu'il faut absolument mettre en lumière.

Le jour de sa chute, le 30 mars, Ferry avait réellement tremblé aussi pour son siége de député. Les Vosges avaient sans doute été gavées de faveurs sous toutes les formes, les adversaires traqués sans merci; n'importe! Un tel effondrement sous la malédiction publique pouvait ébranler les plus aveugles confiances.

La politique électorale de Ferry, et mieux son jeu, fut d'affecter la plus souveraine assurance.

« Il y a eu malentendu; tout le monde l'a reconnu! disait Ferry à bouche-que-veux-tu; mais tout cela est une vieille histoire. Le cabinet Brisson n'est qu'un intermède. Je vais reprendre le ministère ! »

Tel fut, un mois durant, le discours électoral de Ferry.

M. P. Le Febvre-Roncier, aujourd'hui conseiller municipal de Paris, qui avec cinq autres vaillants citoyens, MM. Félix Bablon de Corcieux, Julien Goujon, conseiller général de Xertigny; Morlot, conseiller d'arrondissement de Chatenois; Hector Merlin, haut fonctionnaire de ministère, et Ed. Cambier, ancien officier, soutenait la campagne au nom du parti radical, provoquait chez les ferrystes, dans les réunions publiques, de véritables rugissements de fureur quand il disait qu'il pouvait seulement être question de Ferry pour une accusation; qu'en tout cas, jamais, — jamais, — il n'y aurait plus de ministère Ferry.

C'était, il est vrai, frapper juste.

Dans ce danger, Ferry, il faut le dire, redoubla d'activité. L'administration, de son côté, redoubla ses manœuvres.

Si jamais une candidature fut officielle, ce fut assurément celle de Ferry, le 4 octobre dernier.

Il est superflu de parler des menaces de révocation aux professeurs du collége de Neufchâteau, des changements de résidence des instituteurs et des employés de l'administration des eaux-et-forêts, des faux bruits du désistement des candidats radicaux et autres basses menées.

Mais il n'est pas superflu de montrer une manœuvre administrative tombant, au premier chef, sous le coup de la loi : les ballots d'affiches et de bulletins radicaux retenus en gare et 109 communes sur 530 ainsi, sans discussion et sans lutte, la proie de Ferry.

Joignez à cela les violences matérielles et les dures vengeances semant, parmi les adversaires, une salutaire terreur.

A Neufchâteau, Ferry était sur l'estrade d'une réunion publique; il blâmait, au nom de l'union (textuel) nécessaire devant les royalistes, la coexistence de deux listes républicaines ; un citoyen l'interrompt : « Alors retirez-vous ! » Ferry, exaspéré de cette repartie qui provoque le rire d'une partie de l'assemblée, désigne d'un geste furibond le malheureux interrupteur qui est aussitôt roué de coups par la camarilla et jeté dehors.

Son caractère haineux et violent se révèle une fois de plus dans cette attitude bien mesquine pour un chef de parti.

Mais que dire de l'odyssée du malheureux huissier de Saint-Dié, Paul Didier ! Ceci est, il est vrai, un peu antérieur à l'élection, mais peut faire corps avec les exploits de la période électorale.

Quand, au lendemain du 30 mars, Ferry partit pour Saint-Dié, la démocratie locale se porta spontanément à la gare pour lui servir un accueil qui fit convenable écho à la manifestation parisienne du Palais-Bourbon. Des huées, des bordées de sifflets saluèrent le grand patriote qui, quelques jours auparavant, sollicitait « le concours précieux » de la Prusse. M. Paul Didier, citoyen honorable, estimé de tous, était des siffleurs.

Certes, où pouvait-on mieux siffler Ferry que devant la trouée des Vosges ?

La police de M. Albert Ferry guettait.

M. Paul Didier fut noté à la mairie.

Quelques jours après, comme M. Paul Didier, revenant d'un festival à Nancy, où il s'était rendu comme membre d'un orphéon, rentrait en fredonnant chez lui, les agents de police se jettent sur lui, l'accusent de tapage nocturne, verbalisent. Résultat : six jours de prison. M. Paul Didier en appelle ; la prison est convertie en une amende de 200 francs, et une suspension de trois mois avec demande de révocation. N'y a-t-il vraiment pas là une misérable vengeance politique au premier chef ? Terminons en disant que M. l'ex-garde des sceaux, Henri Brisson, a prononcé la révocation.

L'élection de Jules Ferry, le 4 octobre, s'explique suffisamment.

XIV

Appréciation de Ferry sur les élections d'octobre 1885.
— La presse ferryste et la commission du Tonkin ;
les imagiers d'Epinal et les portraits de Clémenceau,
Camille Pelletan, etc. — La politique de concentration
républicaine d'après Ferry. — L'impunité de Ferry ;
ses conséquences. — Situation de la République.

Ferry avait, dans une interruption impudente, — vertement relevée par le président Floquet, — taxé d'affo-
lement la conduite de la Chambre le jetant à bas le
30 mars. Le lendemain des élections d'octobre, en présence de cette victoire de la droite royaliste causée par
sa désastreuse politique, son impudence ne faillit pas ;
elle se retrouva tout entière.

Ainsi l'homme qui avait gouverné par la haine, par
la division, par les plus basses violences de harangues,
par les plus ineptes à-coup, au seul profit de la réaction,
osait, en guise de remerciement, adresser les paroles
suivantes aux électeurs de l'Est :

Le retour offensif de la coalition monarchique et cléricale,
tant de fois vaincue dans les Vosges depuis quatorze ans, vous
a trouvés debout et vigilants ; la propagande du mensonge et
de la calomnie n'a pas troublé votre bon sens, et vous avez fait

prompte justice de la diversion condamnable organisée sous le
eu de l'ennemi commun par les soutiens de l'intransigeance...

Il faut que la majorité soit unie.

Nous ne pouvons croire, quant à nous, à la coalition érigée en
système d'un groupe de républicains, quels qu'ils soient, avec les
éternels ennemis de la République...

Oui, c'est de ce ton de grand républicain que parlait
ce fauteur de toute scission, de toute guerre intestine !

« Il faut que la majorité soit unie », disait-il !

Voyons comment il entendait la créer et la pratiquer,
cette union, après le 4 octobre.

L'extrême gauche presque entière, à la suite de Clémenceau et de Camille Pelletan, allait jusqu'aux plus
audacieuses limites des concessions de personnes et de
programmes, jusqu'à agréer la vice-présidence de
M. Spuller !

Écoutons de quel style les amis politiques de Ferry,
les feuilles rédigées sous sa dictée, commanditées par
lui, apprécient cette politique. Et nous ne désignons pas
des journaux de Paris, mais des feuilles ferrystes des
Vosges, où l'on parle, comme on peut croire, sans
ménagement et avec moins de sous-entendus !

Voici, par exemple, *la Gazette vosgienne* (la feuille
d'annonces judiciaires de Saint-Dié). Après avoir stig-
matisé les dissidents Rochefort et Laguerre marchan-
dant avec la droite l'échec vice-présidentiel de l'ex-député du IIIe arrondissement, elle ajoute :

« Mais ce qui est peut-être plus triste, c'est l'intervention de Clémenceau, venant essayer de la conciliation, après la campagne qui a été, ici même, si énergiquement caractérisée.

« L'autorité morale manque à cet homme auprès de

ses collègues ; il a trop prêché la haine, la division, pour parler aujourd'hui avec quelque fruit de l'entente et de la discipline.

« Toutes les fautes se paient, en politique surtout.

« Le voilà, ce fougueux et haineux Clémenceau, acculé lui-même au rôle de Cassandre antique, rendant des oracles en face de gens qui se poussent de rire et n'en font qu'à leur guise. » (*Gazette vosgienne* du 15 novembre 1885.)

Comme on retrouve là la langue de l'orateur du Havre !

Continuons.

Le ministre Goblet l'avait justement dit : « Les élections d'octobre s'étaient faites sur la question du Tonkin. » C'était bien cette néfaste aventure que la France avait condamnée en même temps que son misérable promoteur.

Comment Ferry accueille-t-il ce souverain verdict traduit parlementairement par la nomination de la commission du Tonkin ?

Le Mémorial des Vosges, le Progrès de l'Est, la Gazette vosgienne, feuilles directement inspirées par Ferry, vont nous donner le sentiment et la parole du maître.

Ceci était écrit le lendemain de l'élection de la commission :

« Il est difficile, disait *le Mémorial* (27 novembre), de s'imaginer un abandon de soi-même aussi complet que celui qui s'est manifesté dans tous les bureaux par la bouche des représentants de la droite et des membres de l'extrême gauche anciens ou nouveaux. Jamais le manque de confiance dans les ressources morales et matérielles du pays, *les fantaisies antinationales*, l'ignorance des véritables intérêts généraux, le scepticisme des destinées de la République française, l'esprit de détachement de l'avenir, de *capitulation et de couardise* — ne se sont manifestés avec autant d'éclat qu'avant-hier, et cela par l'organe des députés français ! »

Le même *Mémorial*, le jour suivant (le 28 novembre), imprimait, toujours à propos de la commission du Tonkin, ce morceau qui ne manque pas de piquant, rapproché de la patriotique dépêche de Ferry à M. de Courcel.

Titre : BISMARCK, SOIS CONTENT !

« Bismarck, tu dois te réjouir ! Après la déroute de Lang-Son au Tonkin, on nous prépare un second Lang-Son en France. La débandade causée par un militaire affolé ne suffisait pas : il nous fallait la faillite de la patrie préparée par des coalisés politiques... Pour M. Clémenceau et ses amis, leurs électeurs républicains ont entendu que les députés réactionnaires fussent désormais la base du salut de la République !

« Pauvre République !

« Quant à M. Brisson, qu'il aille partager la honte des Gambetta, des Ferry et de tous ceux qui ont assumé la responsabilité du gouvernement.

« Place aux représentants de la nouvelle majorité intransigo-réactionnaire. A ce brave pays, ému par une entreprise difficile, qu'on lui souffle la lâcheté au lieu de lui crier courage...

« Bismarck, tu dois être content ! »

Évoquer le souvenir du chancelier allemand, dont l'assentiment sollicité a poussé Ferry plus avant dans cette insanité antifrançaise, est vraiment digne du génie français d'un tel ministre !

Ceci est un digne complément de ce qui précède :

« *Quand donc en aura-t-on fini, dans les rangs des soi-disants conservateurs et dans ceux des radicaux que dirigent MM. Clémenceau, Rochefort, Périn, Granet et Laguerre, de faire le jeu des ennemis de la France, sous le honteux prétexte* de ruiner dans le pays le crédit des républicains, du gouvernement et de la République ? *Quand donc*, en un mot, et à *l'extrême gauche* et à droite *voudra-t-on voir et agir en patriotes* (1) ? »

Que le lecteur ne nous reproche pas la longueur de ces citations ! Elles ont leur signification et leur prix.

Sans doute menacé, dévoilé dans ce qu'il appelle son œuvre, Ferry sent qu'un politique abandon du Tonkin

---

(1) Et ceci après le dépôt du rapport de Camille Pelletan, à l'adresse de Camille Pelletan :

« Pelletan, comme on l'a dit avec une si forte ironie, ronge son os : l'os du Tonkin, l'os de l'évacuation.

« Vous souvenez-vous de l'épouvantable scène retracée par Victor Hugo dans sa *Notre-Dame de Paris* ? Quasimodo guette Claude Frollo, lequel guette Esmeralda ; Frollo anxieux, dévoré par ces honteuses et cuisantes passions, concupiscence de l'enfer...

« Eh bien, Pelletan est dans la situation de Claude Frollo ; il guette en ce moment l'honneur national et se réjouit peut-être déjà des souillures qui pourront rejaillir sur lui. Mais patience, Quasimodo, c'est-à-dire la conscience, veille dans l'ombre pour apprendre aux audacieux que du Capitole à la roche Tarpéienne il n'y a qu'un pas !

Et la chute sera lourde, prenez-y garde, Pelletan ! On ne

ou une occupation réduite sur la côte à des termes quasi-commerciaux, c'est l'effondrement définitif de ses tenaces ambitions, la condamnation de tout son passé, l'impossibilité de rien espérer ni reprendre demain — et ces cris de rage et de haine n'ont rien qui étonne.

Mais tant de cynisme ne saurait en imposer ni donner le change même aux moins bien informés.

C'est par l'état extérieur et intérieur de la France, tel qu'il a été créé par Ferry, tel qu'il dure et durera longtemps, qu'il faut juger de l'action de ce politicien néfaste.

---

joue pas avec l'honneur d'une grande nation : c'est une chose sacrée, c'est le patrimoine de tous, c'est la hampe de nos drapeaux, c'est le meilleur de nos âmes de Français ! Quel enseignement si vous pouviez le comprendre. » (*La Gazette vosgienne* du 20 décembre 1885.)

Et plus loin, dans la même feuille, cet article intitulé *le Grand Évacuateur* : « C'est de M. Camille Pelletan, conseil et directeur politique de M. Clémenceau, que je veux parler... En sa qualité de rapporteur, M. Pelletan va donc défendre devant un Parlement français, que dis-je ! devant la nation entière, la doctrine de l'abandon et de la couardise. De gaieté de cœur, il a sollicité et entrepris cette délicate mission de dire à un peuple dont jusqu'ici on vantait volontiers et avec quelque raison la fierté et le patriotisme : « Allons, incline-toi ; la Chine l'exige. » Nouvel Herbinger de la politique, c'est lui qui va, pour la deuxième fois, faire entendre à notre armée victorieuse ce cri inconnu d'elle jusqu'à Lang-Son : « Sauve qui peut ; voici les Chinois ! »

« Et, avant qu'un pareil blasphème ait été proféré contre l'honneur national, la tribune française ne s'écroulera pas sous les pieds de ce (*ici une injure du vocabulaire ferryste que nous ne répéterons pas*). Et nos soldats, sous la garde desquels l'Assemblée délibère, devront subir ce sanglant outrage et se verront au besoin contraints de protéger contre de légitimes fureurs et la parole et la personne de celui qui le leur aura lancé !

L'impérieuse loi de la reconstitution du pays était la
paix : c'est à ce seul prix qu'il pouvait dans le recueillement et le travail grandir moralement aux yeux des
autres nations et refaire, selon l'expression même de
Gambetta, — du Gambetta de juillet 1871, — son sang,
ses os, sa moelle.

Au lieu de cela, Ferry, qui trouvait la pacification
enfin obtenue en Orient à son avènement au ministère,
lance la France dans une expédition où, en deux ans,
40,000 hommes de troupes continentales sont engagés
et plus de six cents millions perdus. Le résultat de cette
folie est que, désormais, la France traînera à perpétuité
à son pied le boulet du Tonkin : cela fera pour elle
contrepoids à la perte de l'Alsace-Lorraine, — en

« Où sommes-nous donc ? Aujourd'hui le Tonkin, demain l'Annam, puis la Cochinchine et le Cambodge, en attendant Madagascar et l'Inde française, il faudra tout abandonner : voilà ce
que M. Camille Pelletan veut évacuer, voilà le patrimoine qu'il
propose d'abandonner aux Anglais, aux Chinois, aux Allemands
peut-être... ; des traités que nous avons signés, des droits
qu'ils nous confèrent, des devoirs qu'ils nous créent, cet homme
se soucie comme d'une guigne : il est pressé, pressé d'évacuer.
L'honneur de son pays, la gloire de notre armée, la vie de ses
compatriotes, tout cède à cette maladie. Car c'est bien une
maladie dont est atteint cet Argan d'un nouveau genre...

« Eh bien, non ! Nous nous refusons à croire qu'aujourd'hui,
jour du scrutin public, M. Camille Pelletan et ses complices
soient suivis par les membres de la Chambre qui les ont nommés en s'abritant derrière le secret du vote; nous nous refusons
à croire qu'il se trouvera, dans le Parlement français, une majorité de Chinois; nous nous refusons même à croire qu'on tolère
à la tribune française le langage que M. Pelletan a tenu dans
la commission. Après les honteuses conclusions du rapport, il
n'y a plus, nous l'affirmons, qu'une évacuation de possible :
c'est celle des députés qui s'y seront associés. »

attendant que cela la paralyse, au jour de l'action, pour défendre la Champagne et la Franche-Comté contre la Prusse, Nice et la Corse contre l'Italie.

M. Paul Bert, le nouveau résident général, pourra s'entourer à Hanoï de commissions économiques, agronomiques, financières, industrielles et autres, ressusciter (plaisante et modeste comparaison!) Bonaparte et son Institut d'Égypte : tous les beaux plans qu'il forgera pendant sa traversée ne s'en heurteront pas moins à la vraie réalité, et le jour du débarquement n'en sera pas moins le jour des désillusions. Ce jour-là, M. Paul Bert pourra relire les dépositions faites devant la dernière commission du Tonkin par des hommes qui ont trouvé là-bas la compétence de trois et quatre années de séjour. Il nous dira s'il est vrai, qu'en juillet 1885, 10,000 soldats furent indisponibles par maladies sur 30,000 ; s'il est vrai que de la signature de la paix (9 juin), au mois d'octobre dernier, 4,500 soldats aient également attesté, par leur mort, la salubrité du sol et du climat ; nous verrons s'il rééditera, un jour de trop grande distribution de récompenses, la réponse de Campenon : « Laissez donc, tous les récompensés qui n'ont pas été évacués sont morts! » Il nous dira s'il est vrai qu'en Cochinchine, sur 2,000 Français, il y ait 1,200 fonctionnaires, que tout le commerce y soit accaparé par des maisons anglaises et allemandes, — faits expérimentaux de bon augure pour les nouveaux protectorats! Si M. Paul Bert se découvre, — outre le génie administratif, — le génie militaire, il nous dira ce que valent les milices tonkinoises et s'il pourra les mener quelque jour au feu, non pas seulement contre les pirates du delta, mais contre les troupes impériales chinoises; il nous dira s'il est rationnel de créer une armée annamite avec cavalerie et artillerie comme le faisait son prédécesseur M. de Courcy, ou si c'est là une insanité nouvelle; il nous dira ce qu'il faut de troupes métropolitaines en permanence au Tonkin : s'il en faut 50,000, comme le veut M. Le Myre de Villers; 60,000, comme le veut M. Brière un jour de boutade ; 15,000, comme le veut M. Campenon ; il nous dira, avec ses connaissances de géologue en Sorbonne, si M. de Courcy avait raison de plaisanter, dans ses dépêches, l'imagination trop féconde de certains explorateurs en quête de richesses minières dans le haut Tonkin; il nous dira également, comme marin, de quel côté il faut *donner le coup de barre* pour remonter le fleuve Rouge; il nous dira si l'amiral Duperré n'avait pas même la compétence d'un canotier d'Asnières, en déclarant avec son lieutenant, M. de Kergaradec, que le haut fleuve Rouge n'est pas navigable et qu'il faut laisser cette fameuse voie de pénétration rejoindre les richesses minières chères au cousin de Ferry, à MM. Bozérian, Tondu et consorts; avant de nous parler des profits économiques de la conquête, il nous dira s'il faut l'inscrire annuellement au budget des dépenses pour 100 millions, avec M. Le Myre de Villers, ou seulement pour 150 avec l'amiral Courbet; il nous dira s'il est vrai que, par ses agissements provocateurs, le dernier gouverneur de la Cochinchine, M. Thomson, nous a fait du Cambodge un ennemi irréconciliable, ainsi que l'a publiquement observé l'amiral Duperré ? Il nous dira s'il entre dans son programme de maintenir le drapeau tricolore à Lao-Kaï, pour la possession duquel Ferry rompait trois ou quatre fois les négociations et où, hier, un an après la signature de la paix, on n'avait pas encore vu un pantalon rouge ; il nous dira encore, à propos de cet extrême-nord du Tonkin, si M. de Courcy avait raison de signaler, comme plein de piéges, « l'article néfaste » du traité de paix par lequel la France s'engageait à assurer l'ordre sur les 250 lieues de frontières tonkino-chinoises ; il nous dira, enfin, qui des deux a raison, de lui qui voulait (ainsi qu'il le proposait dans son discours parlementaire du 2 décembre 1885) abandonner l'Annam et garder le Tonkin, ou du général de Courcy qui voulait évacuer le Tonkin et garder l'Annam.

Ce sont là les difficultés actuelles de la question, difficultés d'une gravité déjà extrême pour un pays qui serait libre de son action extérieure et n'aurait rien à redouter pour le vieux sol national, difficultés qui resteront insurmontables pour un pays dans la situation européenne de la France. Croire en effet que la Chine, qui a, pour soutenir cette guerre jusqu'à Bac-Lé, dépensé 420 millions, qui a aujourd'hui dépensé plus de 500 millions, qui s'est montrée intraitable sur la question de l'indemnité financière, sur la question des garanties en territoire chinois, sur la cession des îles Pescadores, se montrera indifférente demain aux installations militaires et à la politique économique pratiquées sur ses frontières, est un rêve dont les politiques de sens commun ne peuvent plus se bercer. Il a fallu la dose d'ignorance imbécile dont était saturé le misérable politicien placé, pour le malheur de la République, à la tête de nos affaires, pour traiter ce grand pays de quatre cent millions d'habitants — de quantité négligeable, — et cela quand Courbet, quand Négrier lui-même, quand l'amiral Lespès, quand le ministre Campenon n'avaient cessé de l'avertir que les troupes chinoises actuelles n'avaient rien de commun avec les rassemblements des Célestes de 1860, qu'elles étaient très bien armées et se battaient à l'européenne, *en soldats aguerris et bien commandés*. Dès aujourd'hui, la Chine se réorganise, arme, se crée une marine militaire, restaure la défense de ses côtes, s'occupe de la création de chemins de fer : c'est pour cela qu'elle temporise. La paix n'est qu'une trêve. Merveilleusement informée de notre situation en Europe, par les innombrables agents allemands et anglais qu'elle entretient, la Chine a été particulièrement secondée et soutenue par la Prusse, dont la main hostile se retrouve, à chaque instant, dans les coulisses de la politique de l'extrême Orient. MM. Ristelhueber et l'amiral de Gueydon ont insisté sur ces dessous : le général Campenon y a insisté de même quand il est sorti du ministère. Pour dresser des prévisions d'avenir prochain, il n'est pas besoin d'une grande perspicacité : hier, c'était l'entremise de M. de Bismarck qui empêchait le Japon de nous être un allié contre la Chine ; aujourd'hui, les innombrables commandes du gouvernement chinois aux manufactures d'armes et arsenaux prussiens, la constitution de puissants syndicats financiers et industriels prussiens en vue d'obtenir la concession d'emprunts destinés à pourvoir à ces armements et à la construction de chemins de fer, complètent la démonstration. Les motifs de rupture, l'heure venue, ne seront point difficiles à trouver en Orient : l'Annam, le Cambodge, le royaume de Siam, en fourniront ample collection, et les Pavillons-Noirs pourront aisément repasser la frontière. Au premier coup de canon tiré en Europe contre la France métropolitaine, toute cette pseudo-France indo-chinoise sera en feu...

Et l'armée elle-même, quel profit moral a-t-elle retiré de cette aventure ?

En deux ans, *six* généraux en chef se sont succédé au Tonkin, dans le commandement du corps expéditionnaire, qui ont exercé leur fonction, avec les vues les plus divergentes, les plus opposées, tant dans l'emploi tactique des troupes, que dans l'étendue et le caractère à donner à la conquête. A part le général Millot peut-être, nul d'entre eux n'a pris souci de mettre sa conduite en harmonie avec la politique nécessaire de la métropole: les uns, comme Rivière, n'avaient en vue qu'une gloire de bulletins et qu'un grade; les autres, comme Négrier, comme Courcy, se sont, à quelques mois de distance, publiquement démentis d'une manière inconcevable ; nous ne parlons pas du ministre Campenon, qui a ressemblé à une véritable girouette, blâmant l'expédition quand il était collègue de Ferry, l'acceptant quand il était celui de Brisson. Ça été là un véritable chaos. — Nous n'insisterons pas non plus sur un point qui mérite à la fois enquête et redressement sévère, sur cet esprit d'indépendance de la marine vis-à-vis du pouvoir national ; c'est elle qui, usant et abusant des crédits largement octroyés depuis 1870 pour

la défense de la métropole, a par des ambitions impru-
dentes et des ardeurs blâmables, amorcé en partie plusieurs de ces expéditions lointaines et puissamment
prêté son concours aux politiciens sans vues qui ont
voulu les exagérer et les poursuivre. C'est une sévère
critique que Ferry a involontairement faite de la vice-
royauté séant au n° 2 de la rue Royale-Saint-Honoré,
quand il a dit, qu'après tout, c'était pour la marine
que les colonies avaient été créées ! — Si nous
passons au détail technique des opérations militaires,
nous ne sachons pas qu'il soit de nature à donner une
haute idée de la science de notre état-major général aux
tacticiens savamment attentifs de la Prusse et de l'Italie.
Laissons de côté l'amiral Courbet, dont l'incompétence
dans le maniement des troupes de terre amena le
rapide remplacement. Quant au général Brière, Millot
a regretté depuis, quand cet officier servait comme
brigadier sous ses ordres, de ne pas l'avoir fait passer
devant un conseil de guerre ou, tout au moins, de ne pas
l'avoir renvoyé en France par le premier steamer en
partance ; il eût évité au corps expéditionnaire la
marche sur Lang-Son et le désastre consécutif. La
pointe du général de Négrier franchissant la frontière
chinoise et obligée de battre en retraite pour ne pas se
faire envelopper par les troupes impériales, dont il
ignorait l'importance numérique, ne sera pas non plus
citée comme une opération modèle. M. de Courcy, qui
partait précédé d'une sorte de réputation, n'a guère
réussi qu'à éreinter le soldat en le lançant, en fortes
colonnes dans le haut Tonkin, contre un ennemi
toujours invisible ou insaisissable. — Le fonctionne-

ment des services d'intendance et de santé a subi de la part même du corps expéditionnaire de graves critiques que légitime une mortalité vraiment effrayante ; de ce côté rien n'a progressé depuis 1870. — Enfin, il ne paraît pas que l'institution militaire soit devenue une école de discipline et de moralisation, — surtout pour les chefs ! Quoi de plus scandaleux que la déposition du général Brière, déshonorant sans scrupules un sous-ordre que son imprudence avait contribué à jeter dans le bourbier, regrettant qu'une balle intelligente... etc. ! Quoi de plus fâcheux que l'insubordination du général de Courcy, rouvrant les hostilités en Annam au lendemain de la signature de la paix, et déchirant, comme un proconsul factieux, les instructions les plus formelles de son gouvernement ! Que dire encore des lettres de l'amiral Courbet ? Si dans l'espèce on approuve pleinement les rudes jugements portés sur la mauvaise foi, l'ignorance, l'infatuation, l'ineptie de Ferry, on ne peut toutefois se défendre d'un retour sur la haine et le mépris plus ou moins conscients que le soldat laisse percer à chaque épître contre les pouvoirs civils, contre le régime représentatif, en un mot, contre le système républicain.

Telle est, hélas ! la réponse donnée par les faits à ceux qui soutenaient que notre armée ne pouvait reparaître sur les champs de bataille de l'Europe sans avoir fait parler la poudre. L'expérience, à quelque point de vue qu'on se place, nous semble peu rassurante pour la patrie, très rassurante, au contraire, pour les puissances qui s'étudient à lui préparer une nouvelle et définitive défaite.

Ainsi se trouve condamnée la politique qui, détournant de son objet le développement d'abord donné à nos institutions de défense, dans un but exclusivement patriotique, a laissé le militarisme renaître, s'affirmer et reprendre dans l'orientation des affaires, une place omnipotente, incompatible avec l'intégrité du pouvoir civil et du salut même de la patrie.

Qu'on nous pardonne d'y avoir tant insisté, mais cette funeste question d'extrême Orient fait intégralement partie, — grâce au vote de la Chambre du 4 octobre, — de la politique française.

Au dedans, la politique intérieure de Ferry n'a pas donné de moins néfastes résultats.

C'est sur lui que pèse la responsabilité exclusive du triomphe des royalistes qui comptent désormais pour un tiers dans la Chambre. La présence de cet ennemi de la République, au cœur même de la République, est un fait dont la gravité n'éclate pas suffisamment aux yeux de tous. L'alliance de la droite est en effet acquise, par tactique, à tout groupe qui voudra renverser *a priori* un ministère et, par principe, à tout groupe qui voudra empêcher une réforme. La droite, en d'autres termes, est l'unique arbitre de toute stabilité gouvernementale et l'invincible obstacle à la réalisation du moindre progrès républicain ; unie au centre opportuniste, il n'en est pas un qu'elle ne puisse empêcher. La presse pseudo-républicaine, comme *le Temps, la Paix*, très frappée de cette situation, n'a pas craint de faire des avances à la réaction et de marquer qu'une majorité conservatrice pourrait fort bien grouper le centre et la plus grande partie de cette droite. Le chef d'une telle majorité, — qui pourrait-il bien être, sinon Ferry lui-même ?

Ainsi l'impuissance, la stérilité la plus complète, — tel est le spectacle parlementaire qui va être donné à la France républicaine par la Chambre des Députés pendant quatre années, — si la législature remplit son cycle constitutionnel toutefois.

Et quelle n'était pas, cependant, l'urgence des réformes à accomplir, dans l'ordre financier et économique ! L'impôt à rendre républicain, les taxes de consommation à supprimer, la vie à bon marché à créer, les priviléges de la féodalité financière et industrielle à abolir, l'instruction et l'éducation populaires à peine ébauchées à fonder sur des bases intégrales et égalitaires, une étude scientifique de l'état de l'agriculture et du prolétariat agricole à entreprendre, les mesures urgentes qui découlent de cette étude à réaliser, toute une France nouvelle à faire, en un mot — la France du travail, de la libre pensée, de l'égalité sociale !

Au lieu et place de ce programme de réconfort et de progrès, que préparait Ferry ? Il a eu la naïve impudence de le dire dans la dernière commission du budget, peu de temps avant sa chute. Il préparait *la création de nouveaux impôts*. « La France n'y échappera pas pour l'année 1886, a-t-il dit textuellement. Si je n'en propose pas, dès cette année, c'est parce que nous sommes dans l'année des élections générales ; mais les élections faites, nous y reviendrons. »

Tel était le dernier mot de l'homme d'État républicain qui, — quoique ses insanités criminelles aient été largement exploitées dans la bataille électorale par les royalistes, — n'en a pas moins fait dire à plus d'un conservateur parlant de la politique ferryste : « Mais si c'est cela la République, on peut s'entendre. Que nous importe la forme même du gouvernement ! » C'est que ces conservateurs-là savent sur qui pèsent les impôts créés par la République opportuniste. Mais faut-il avoir assez gouverné contre le peuple et la démocratie pour amener nombre de rétrogrades à tenir ce langage !

Disons-le, du reste, en terminant, la retraite de Brisson si finement joué par M. de Freycinet, le désaveu très catégorique de la politique d'aventures inséré par le même M. de Freycinet dans sa récente déclaration ministérielle, n'ont été de nul enseignement à Ferry.

Impuissant, pour l'instant, à rien tenter au grand jour, il s'est rabattu, jusqu'à nouvelle et favorable occasion, sur le jeu des coulisses parlementaires. Le présent cabinet est sûr de retrouver cet ennemi à la première bagarre. Hier c'était à propos du traité de Madagascar et des grèves de Decazeville : un autre incident sera facile à faire surgir. Qu'il se garde ou non, d'ailleurs peu nous importe ! Les pseudo-républicains qui ont combattu l'amnistie démocratique due à notre vaillante classe ouvrière des mines, — après avoir amnistié Ferry et ses complices, — n'ont droit qu'à notre sincère défiance.

La mise en accusation de Ferry demeurera pour nous l'unique solution morale du chaos où la France et la République ont été plongées par cet homme. Malgré l'absolution parlementairement octroyée à Ferry, — et si patriotiquement combattue d'ailleurs par le député Michelin, — la question de la mise en accusation reste entière, et il ne dépendra sans doute point de la fraction de la démocratie radicale et socialiste, à laquelle nous tenons à honneur d'appartenir, qu'une juste pénalité n'atteigne un jour l'auteur de tant de maux! Nous souhaitons avec une conviction ardente que nos amis restent intransigeants aussi sur ce point.

Ce n'est pas, en effet, par l'absolution de criminels de cet ordre et de ce rang que la République peut retrouver l'harmonie intérieure et la bonne route : cette politique du laisser-faire n'engendre que la démoralisation politique et le désordre des esprits.

Chacun sait bien qu'il y va de l'intégrité même de la doctrine républicaine et de la force même des mœurs démocratiques en même temps que du salut de la patrie, territoire et nation.

Chacun sait bien qu'il est infiniment dangereux qu'un homme, qui, par surcroît, n'avait aucun titre à la confiance publique, ait pu ressusciter en plein gouvernement républicain les procédés même de la politique personnelle, s'élever au-dessus des lois et de la constitution, lancer son pays dans une guerre étrangère contre le sentiment national, conduire cette guerre comme on a vu, troubler les finances de l'État, — et en être quitte pour attendre en sûreté l'heure de recommencer.

Ceci révolte la conscience civique et privée. Ceci est l'école de tous les crimes d'État.

L'impunité assurée dans ces conditions à un Ferry suggère pour l'avenir toute mauvaise audace à un politicien de même venue. Nous adjurons la démocratie de ne pas oublier que si Ferry échappe, nul désormais ne pourra être frappé : il n'y aura plus de coupable qui ne puisse invoquer ce lamentable précédent pour plaider la justification, mieux que cela, l'excellence de ses crimes publics.

Nous l'avons dit à satiété pendant près de deux années, nous le répétons une fois de plus ici :

Qui donc, dans le peuple, se trouverait menacé ou atteint, parce que Ferry suivi de ses seconds, de ses complices serait mis dans l'impossibilité de disputer à nouveau dans une assemblée, de tenter à nouveau l'effraction du pouvoir ?

Quel trouble y aurait-il à ce que cette bande qui, en Tunisie et au Tonkin, a trituré les affaires publiques pour y faire ses propres affaires, rendît gorge et restituât son pillage ? Quel vide irréparable se creuserait dans la patrie si Ferry décampait et la privait de ses os ?

Quel dommage les affaires subiraient-elles et quelle entrave serait mise à leur honnête pratique, si une responsabilité politique, équitable et sévère, pesait à tous les degrés de la hiérarchie militaire et civile et faisait comprendre à tous, surtout aux plus élevés, que l'on ne transgresse pas impunément la loi et qu'on ne commet pas impunément même un mince abus.

Le crime de Ferry a été un crime de haute trahison au premier chef.

Que la démocratie se souvienne du mot échappé à Ferry : — *Ces choses-là se payent,* — et le lui applique.

3596. — ABBEVILLE, TYP. ET STÉR. A. RETAUX. — 1886.

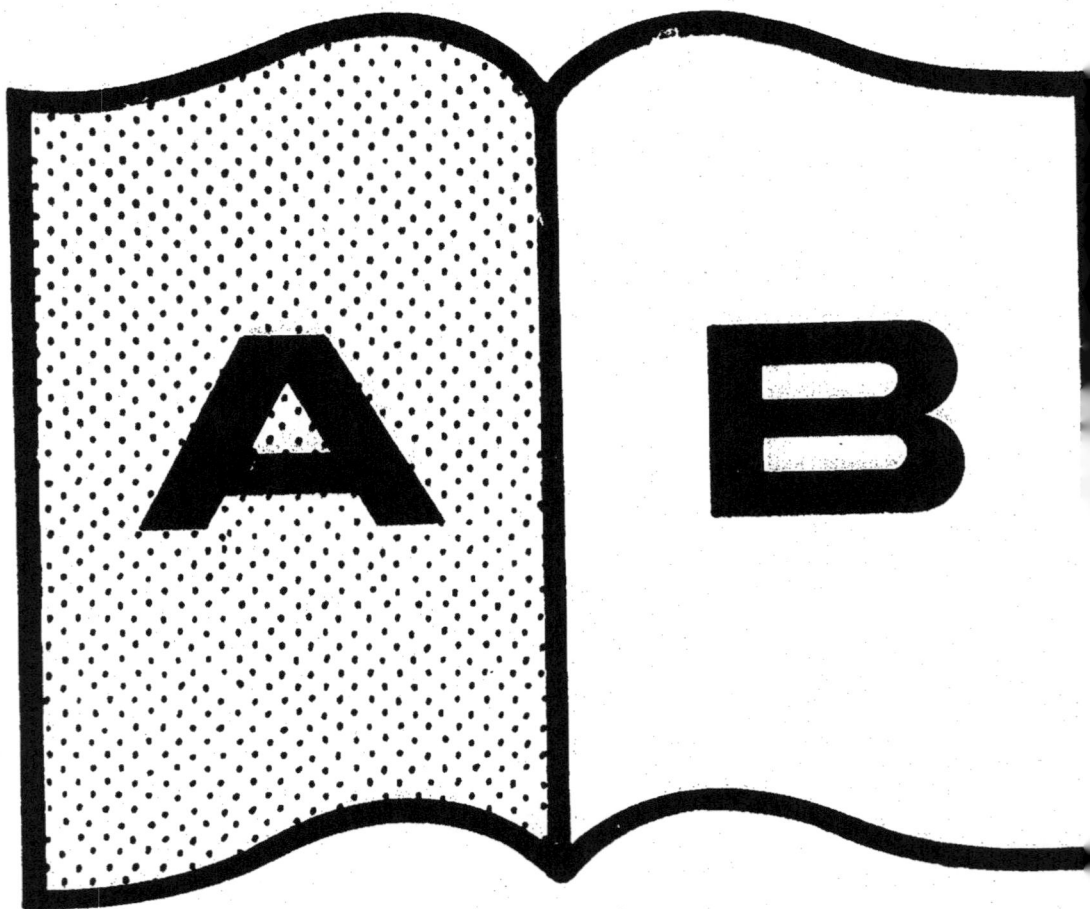

Contraste insuffisant

NF Z 43-120-14